DE L'ORGANISATION

DU

CRÉDIT AGRICOLE

ET

PROJET DE DÉFRICHEMENT

PAR

J.-B.-Ed. GILLIER

AVOCAT ET AGRÉÉ PRÈS LE TRIBUNAL DE COMMERCE DE LIMOGES.

Mutuum date nihil inde sperantes , et
erit merces vestra multa. Luc, 6.

Ce que l'usure a de plus insupportable , c'est qu'on la peut véritablement appeler le chancre et la ruine des biens de maintes personnes, d'où s'ensuit une pauvreté publique. — Mais comme il serait impossible et nuisible même de l'empêcher, on ne doit tendre qu'à en émousser la dent pour qu'elle ne morde pas trop serré.

BACON , chanc. d'Anglet.

PRIX : 1 FRANC.

LIMOGES

CHEZ { Th. MARMIGNON , LIBRAIRE , PLACE DES BANCS , 23.
H. DUCOURTIEUX , IMP., PLACE DE LA POISSONNERIE , 6.

JUIN 1849.

DE L'ORGANISATION

DU

CRÉDIT AGRICOLE

ET

PRÉCIS HISTORIQUE DE L'USURE

PAR

J.-B.-Ed. GILLIER

AVOCAT ET AGRÉÉ PRÈS LE TRIBUNAL DE COMMERCE DE LIMOGES.

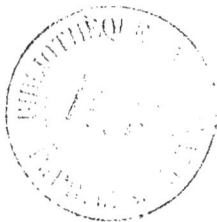

Mutuum date nihil inde sperantes , et
erit merces vestra multa   Luc, 6.

Ce que l'usure a de plus insupportable , c'est qu'on la peut véritablement
appeler le chancre et la ruine des biens
de maintes personnes, d'où s'ensuit une
pauvreté publique. — Mais comme il
serait impossible et nuisible même de
l'empêcher, on ne doit tendre qu'à en
émousser la dent pour qu'elle ne morde
pas trop serré.

BACON , chanc. d'Anglet.

LIMOGES

IMPRIMERIE DU COMMERCE, H. DUCOURTIEUX

Place de la Poissonnerie , 6

JUIN 1849.

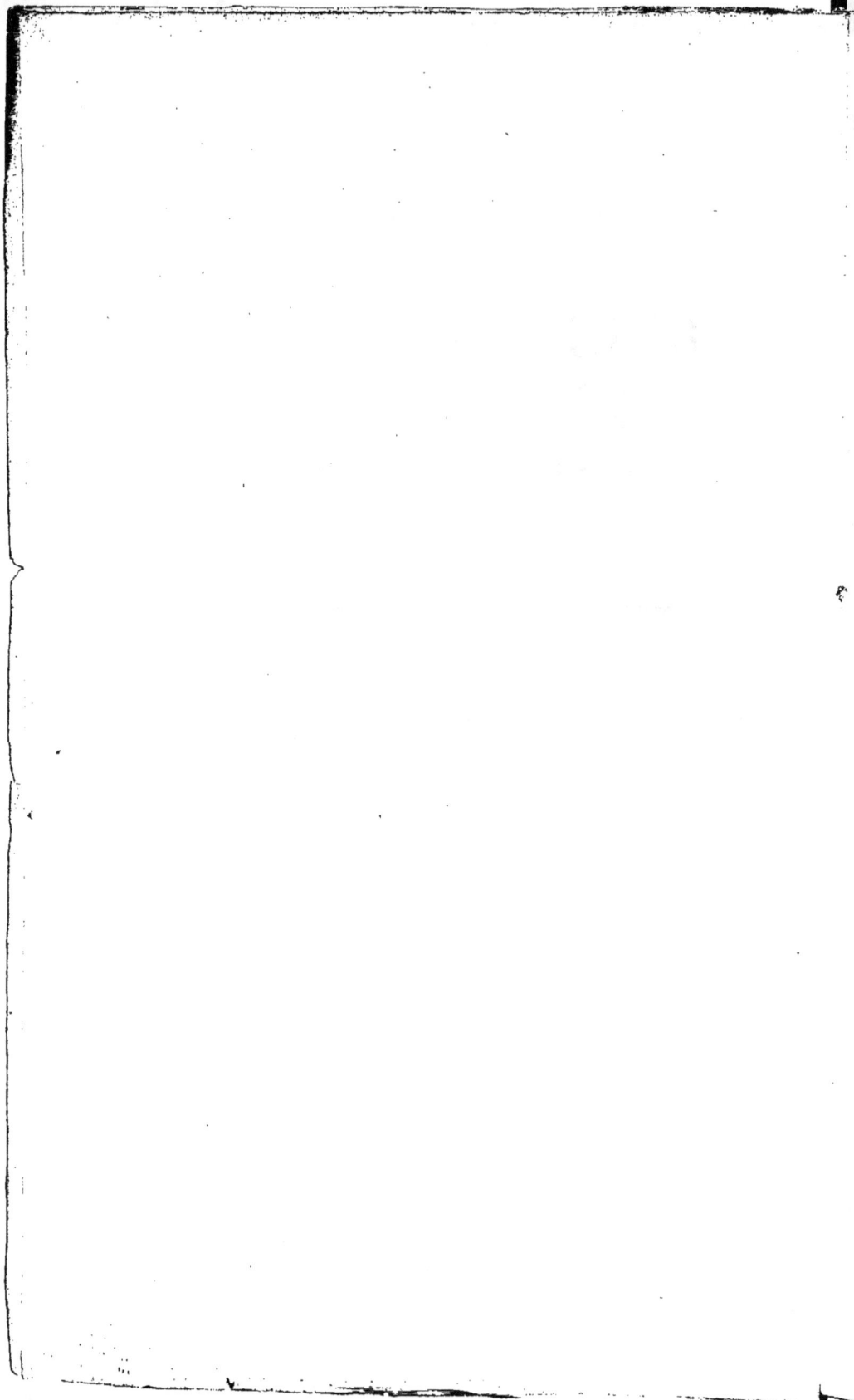

PRÉFACE.

En France la population agricole s'épuise de travail ; le propriétaire y vit dans la gêne et les plus grandes économies ; et, les uns et les autres, en menant une vie de labeurs, de fatigues et de privations, finissent par arriver à l'expropriation.

Qu'un cultivateur qui possède un petit bien en achète un autre, ou qu'il veuille faire des améliorations assez considérables, s'il n'a pas d'argent et qu'il soit obligé d'emprunter, dans peu d'années il arrivera à la déconfiture.

Quelle est la cause de ruine qui plane ainsi sur cette population agricole, population sage, laborieuse, économe, qui fait produire à la terre les objets qui nous font vivre ? Quelle est la sangsue qui retire au travailleur le fruit de son travail, et ne lui laisse que les yeux pour pleurer ? cette sangsue, c'est l'usure !

C'est en effet l'usure qui s'attache à la propriété et l'absorbe peu à peu ; c'est elle qui, née de la rapacité humaine, se présente à l'homme en bienfaitrice et se retire de lui après l'avoir plongé dans la misère. — La campagne est désolée par ce fléau ; elle est écrasée par le poids de sa dette hypothécaire. C'est surtout sur le petit propriétaire que pèse tout le fardeau : le moindre accident qui lui arrive le force d'emprunter.

Nous ne sommes pas pour cela les ennemis aveugles des capitalistes. Il est certain que quand le remboursement du prêt devient chanceux, aléatoire, le créancier stipule les intérêts en conséquence. Il est certain que le banquier qui emprunte à 5 %, et qui opère plus d'une fois au hasard, a besoin d'élever ses intérêts, et que les bons placements viennent combler les pertes qu'il éprouve des mauvais.

Le mal n'est pas chez les hommes ; il est dans les institutions. C'est donc aux institutions qu'il faut demander un correctif.

L'organisation du crédit agricole a été le moyen reconnu tout puissant pour fermer les plaies dont saigne l'agriculture ; — déjà, sous le gouvernement de Louis-Philippe, il avait été proposé. Mais on a préféré dépenser trois cents millions à faire construire une enceinte réservée autour de Paris, et des forts détachés. L'intérêt de la monarchie, d'une famille, a passé avant l'intérêt du peuple !

Il appartient à la République de réaliser cette institution et d'appliquer cette réforme. C'est un des bienfaits les plus grands qu'elle ait à répandre sur le peuple. Quoique bien des projets aient été repoussés et jugés impuissants ou dangereux, le crédit foncier n'est pas pour cela une chimère, une de ces belles illusions qui s'évanouissent devant le souffle de la réalité. Chez nos voisins d'outre-Rhin, des banques agricoles fonctionnent merveilleusement et produisent d'heureux résultats ; — il ne s'agit que de les naturaliser en France. — M. Wolowski, représentant du peuple et docteur en économie politique, a déjà beaucoup fait pour cette naturalisation. — En publiant ce traité, je viens joindre mes efforts aux siens. — Si ces efforts ne sont pas couronnés de succès, je ne demande au public que de reconnaître mes bonnes intentions ; c'est la meilleure satisfaction que je puisse envier.

Ed. GILLIER, *Avocat.*

Limoges, 7 juin 1849.

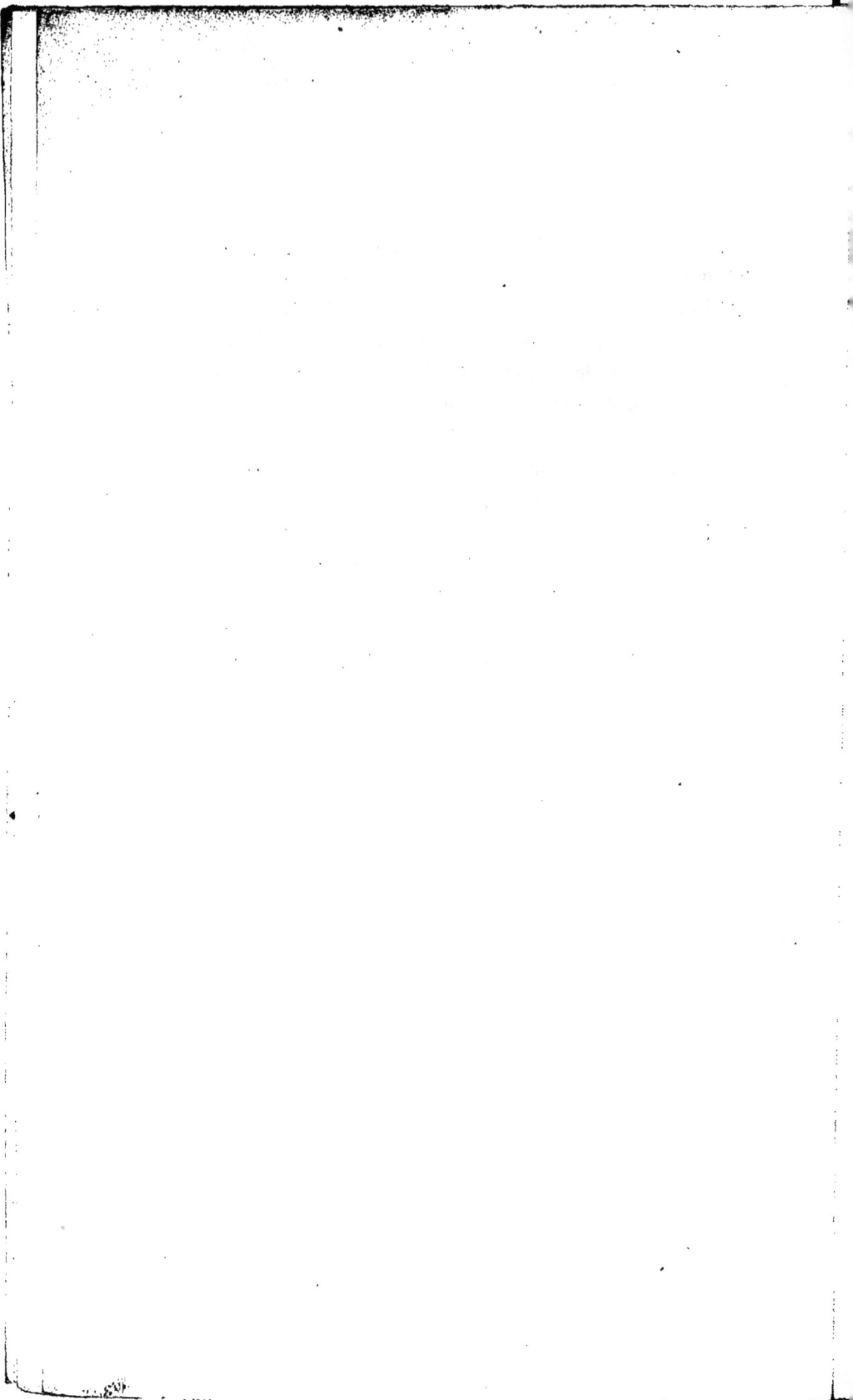

DE L'ORGANISATION

DU CRÉDIT AGRICOLE

ET

PRÉCIS HISTORIQUE DE L'USURE

PAR

J.-B.-Éd. GILLIER, Avocat

Et Agréé au Tribunal de Commerce de Limoges.

> Mutuum date nihil inde sperantes, et
> erit merces vestra multa.   Luc, 6.

> Ce que l'usure a de plus insuppor-
> table, c'est qu'on la peut véritablement
> appeler le chancre et la ruine des biens
> de maintes personnes, d'où s'ensuit une
> pauvreté publique. — Mais comme il
> serait impossible et nuisible même de
> l'empêcher, on ne doit tendre qu'à en
> émousser la dent pour qu'elle ne morde
> pas trop serré.
>
> BACON, chanc. d'Anglet.

LES combinaisons économiques ont eu et auront, surtout aujourd'hui, la plus grande influence sur la
prospérité et la richesse des nations. Aussi la politique a
changé de direction, et s'est portée sur le terrain de la
science économique et sociale. — La philosophie, cette
science morale de l'homme, a fait le même revirement
que la politique; elle est également devenue sociale.
Depuis Jean-Jacques Rousseau jusqu'à nos jours, elle
s'est jetée dans l'étude des institutions civiles et politiques. Les hasards de la Providence ne suffisent plus à

la marche de l'humanité.—La science a renversé le fatalisme politique qui nous gouvernait. — Dans nos sociétés modernes, où la population s'accroît considérablement, et où l'on naît en même temps avec des besoins nouveaux, il appartient à cette science de donner les formules qui doivent activer la production pour donner du pain à tous, et une place au banquet de la vie. Les caisses d'épargne, les assurances mutuelles contre les accidents de terre et de mer, les prêts à la grosse aventure, les salles d'asile, sont autant d'institutions dues à l'économie politique, et qui attestent de ses efforts et de sa bonté. Mais la science est fille du temps. Voilà plus de 5,000 ans qu'elle a mis d'efforts pour arriver au point où nous en sommes. Combien d'impatiences doivent se contenir et apprendre que le progrès ne s'accomplit pas en un jour.

Le fait le plus important en économie, et que nous a légué l'antiquité, fait qui est aussi le plus simple, qui paraît le plus naturel, c'est l'emploi de l'argent comme signe d'échange. Il n'est pas d'institution économique qui ait eu des effets et des résultats si avantageux. Pour en reconnaître toute l'importance, il n'y a qu'à se reporter vers les temps où l'argent n'était pas employé à cet usage, et se demander ensuite quelle devait être la position matérielle des sociétés : — Or, l'on reconnaît de suite que, l'échange étant à peu près nul, l'homme ne cherchait qu'à suffire à ses besoins les plus grossiers. En effet, trop d'inconvénients se présentaient pour pouvoir contracter un échange. Aussi pourquoi un homme se serait-il adonné à confectionner quelque objet pour l'échanger contre un autre répondant à ses besoins, lorsque rien ne l'assurait qu'il pût trouver à faire cet échange. Les difficultés et les inconvénients de l'échange paralysaient le travail, de même que le défaut de confiance le paralyse dans nos temps de révolutions.

Économiquement parlant, l'argent eut d'autres avantages ; — il donna naissance au commerce. Des hommes ayant étudié les besoins réciproques des individus, se firent les entremetteurs entre le producteur et le concommateur.

Le besoin et le désir d'agrandir son bien-être, de faire une fortune, rendirent l'homme spéculateur. L'industrie naquit à la suite du commerce ; et le premier homme qui eut besoin d'emprunter pour se livrer à une spéculation commerciale ou industrielle, donna naissance au prêt, au crédit. Le crédit vint étendre le champs des spéculations, et donner le dernier essor à l'activité humaine ; l'avenir devint ainsi sa conquête.

L'emploi de l'argent a donc créé le commerce, l'industrie, le crédit ; et en créant ces choses, il a créé les sources de la production et du travail. Quelles heureuses conséquences pour l'humanité ! mais ces conséquences de l'emploi de l'argent ont été toutes naturelles ; — elles se sont déduites par la force des choses. Or, il est arrivé que le capital, en devenant d'un besoin impérieux, s'est senti le maître et a dicté des lois dans tous ses rapports à emprunteur, ouvrier, producteur et consommateur. Il en est dérivé l'usure, la concurrence, l'accaparement, les coalitions et toutes les conséquences fâcheuses qu'a produites la domination du capital.

Il appartient à la science de porter un correctif à ces maux, de détruire les abus du capital ; et, d'autre part, d'augmenter les bienfaits qu'il peut procurer. Une philosophie hardie, radicale, veut refaire tout l'édifice social ; mais l'économie politique ne veut pas de ces systèmes généraux, où il y a plus de cœur et d'imagination que de science positive et rationnelle.

Le champ des réformes est ouvert : parmi celles qui sont le plus vivement désirées et senties depuis longtemps se trouve celle du crédit agricole, qui a pour but de rendre le prêt à intérêt avantageux à l'emprunteur, et de donner une activité nouvelle au travail et aux transactions. — Cette réforme est la plus intéressante que la République ait à réaliser, à cause des résultats qui y sont attachés. Les membres de la *Montagne* la considèrent même comme devant donner à l'homme sa liberté vraie, son indépendance réelle, en lui fournissant l'instrument du travail, en détruisant le règne des capitalistes. *Pour étudier cette question*, il faut voir ce qu'a été le prêt à intérêt dans tous les temps, pour pouvoir en tirer des leçons et une expérience salutaires.

Le premier homme qui eut besoin d'emprunter pour se livrer à une opération commerciale et industrielle, avons-nous dit, donna naissance au prêt, au crédit ! Mais quand le prêteur vit les bénéfices que l'on retirait par le moyen de son argent, il ne voulut continuer l'emprunt qu'en profitant d'une partie des bénéfices, ou en stipulant qu'il aurait droit à une certaine somme. Le prêt se fit donc à titre onéreux. Alors naquit l'usure. Il arriva que quelquefois l'emprunteur se trouva, par cela même, dans l'impossibilité de rendre la chose empruntée, soit en totalité, soit en partie. L'usure se fortifia donc, et le danger la fit grandir outre mesure. Attaquée par les religions, elle se fonda sur les risques de pertes qu'elle courait pour faire admettre l'intérêt qu'elle prélevait.

Ainsi le prêt, d'abord bienfaiteur et donnant à l'emprunteur les moyens de se créer de larges bénéfices, a voulu ensuite avoir sa part de ces bénéfices. Plus tard, victime de sa confiance, s'il a consenti à courir les risques de pertes, il a voulu courir ceux d'un gain quelconque ; c'est à dire avoir une prime, un intérêt. Mais comme celui qui demande la prime est le maître, que celui qui la donne est sous la loi de ce maître, il arrive qu'à défaut de règle qui fixe d'une manière équitable le taux de l'intérêt, l'emprunteur paie une prime en disproportion de toute justice. Le prêt à intérêt, né d'une nécessité sociale et laissé à l'arbitraire et au laisser faire de l'homme, fut dans l'origine une véritable plaie pour la société. — L'usure engendra un véritable esclavage de l'intelligence et du travail en faveur du capital. Nous pourrions presque assurer qu'une des grandes causes d'assujettissement de l'homme sur son semblable, de misère et de différences de fortunes, dérive de l'usure. En effet, que l'on ouvre les premières pages de l'histoire *romaine*, et l'on verra une aristocratie financière se former par l'usure ; deux classes distinctes, le pauvre et le riche ; le pauvre, qui fut l'emprunteur, — le riche, le prêteur ; l'on verra les cachots remplis de débiteurs maltraités par leurs durs créanciers, et le peuple enfin, lassé et pressuré par ces riches avides, ouvrir les portes de ces cachots et se retirer sur le *Mont-Sacré*, commandé par *Cicinnius*.

Ce fait est un des plus anciens et des plus mémorables qui puisssent être cités comme exemple des maux causés par le prêt à intérêt. Il est vrai qu'alors la convention faisait loi, qu'aucune règle n'existait pour tempérer l'avidité des prêteurs, et que le débiteur insolvable appartenait corps et biens à son créancier qui avait droit de mort sur lui.

Ce ne fut qu'après ce mouvement du peuple romain qu'un tempérament fut porté à l'usure, et que le taux de l'intérêt fut fixé. Cela eut lieu par la loi des douze tables qui furent décrétées et formèrent le premier monument de la législation romaine. C'est aussi de ce jour que se forma à Rome le pouvoir plébéien.

En maintenant le prêt à intérêt dans son principe, avec un taux limité, légitime, on le reconnaissait donc comme nécessaire. La loi civile ne tendit ainsi qu'à mettre en harmonie les intérêts du prêteur avec ceux de l'emprunteur. Plus tard, la loi des douze tables qui réglait le taux de l'intérêt fut éludée; ce taux même ne tarda pas à se trouver trop élevé. Aussi, l'an 376 de l'ère romaine, les tribuns *Lucinnius* et *Duilius* le diminuèrent de moitié; il fut appelé *fœnus semiunciarium*. Cette réduction ne contenta pas l'avidité des usuriers. On trouva moyen de violer la loi. Alors le peuple indigné, voyant qu'une réduction même très faible était inutile et que l'usure s'étendait toujours sur lui, obtint du tribun *Genutius* une loi appelée *Genutia*, qui proscrivait entièrement les intérêts. Or ce plébiciste, rendu pour la ville de Rome, n'était pas obligatoire pour le reste du *pays latin*. Il arriva qu'un romain qui avait prêté à un de ses concitoyens transportait sa dette à un latin qui lui en payait l'intérêt, et ce latin exigeait, de son côté, l'intérêt de son débiteur. Ces moyens détournés furent détruits par la loi *Sempronia*, qui rendit la loi *Genutia* obligatoire à tous les autres peuples. Ainsi le prêt à intérêt fut totalement prohibé.

Ces lois *Genutia* et *Sempronia* firent le plus grand

bien à la *République romaine*. *Tacite* en parle avec éloge comme un bonheur pour le peuple romain et un signe de sa probité. *Caton* nous apprend qu'on punissait alors les usuriers plus sévèrement *que les voleurs*, et il en conclut qu'un usurier est plus pernicieux à la république qu'un voleur. *Cicéron* rapporte, en effet, que quelqu'un ayant demandé à ce sage son sentiment sur l'usure, il répondit que *c'était la même chose de prêter à usure que de tuer un homme. Quid fœnerari? quid hominem occidere?* (CONF. DE PARIS, t. 1ᵉʳ, p. 34.)

L'usure s'entend ici de tout ce qui est exigé par le prêteur au-dessus du capital.

La prohibition portée par ces lois contre l'usure avait sa raison d'être sur les excès qu'elle avait produits ; mais elle l'avait aussi sur d'autres motifs tirés de la nature même et du but de l'argent ; — *Aristote* s'en explique fort bien : « Il est de contre nature, dit-il, que l'argent » produise de l'argent ; et l'art d'en tirer profit comme » on fait dans l'usure est, avec une très grande raison, » en horreur à tout le monde, parce ce qu'on n'emploie » pas précisément cet argent à la fin pour laquelle il » a été établi ; car on ne l'a inventé que pour la commo- » dité des ventes et achats, et pour suppléer aux échan- » ges qu'on ne peut pas toujours faire. C'est pourquoi la » voie d'acquérir de l'argent par l'usure est détestable » parmi les hommes. » (ARIST. 21, p. c. 7.)

L'Église catholique se servit de ce moyen pour attaquer l'usure.

Chez *les Juifs*, la religion défendait aussi de prêter à usure. *David*, dans son Psaume 14, dit : « Seigneur, qui » reposera dans votre tabernacle et sur votre montagne » sainte ? ce sera celui dont la vie est sans tâche, qui

» observe toutes les règles de la justice et *ne prête point*
» *son argent à usure*. — (*Qui pecuniam suam non dedit*
» *ad usuram.*) » La loi de ce peuple fut conforme aux
préceptes de sa religion, et elle défendit l'usure même
vis-à-vis des étrangers, ainsi que le faisait la loi *Sem-*
pronia des Romains.

Cette conformité des lois prohibitives de l'usure, de la
part des peuples anciens, indique assez combien le prêt
à intérêt était repoussé par le sentiment humain. En effet,
le prêt est avant tout un contrat de bienfaisance, et celui
qui exige un intérêt viole les sentiments du cœur, de la
morale pure.

Platon dans ses lois réprouve l'usure; il autorise
même l'emprunteur, dans le cas où le prêt lui est fait à
intérêts, à ne rendre *ni l'intérêt ni le capital*. Si cette
disposition a quelque chose d'un peu trop rigoureux et
d'exagéré, elle est toujours, pour ce qui concerne la prohibition de l'usure, l'expression de la sagesse antique. —
Ce philosophe veut que l'argent ne serve que pour les
échanges. Pour cela, il ordonne que toutes les transactions
se fassent au comptant, et qu'aucune action civile ne soit
accordée, soit pour ces transactions, soit pour la resti-
tution d'un prêt. — « L'ami pourra emprunter de son
» ami, dit-il; mais s'il survient quelque contestation, qu'on
» la vide par toute autre voie que la voie civile, qui ne
» sera point ouverte en ces rencontres. » (PLAT., p. 172
et 425.)

Si l'on laisse les époques que nous venons de parcou-
rir pour se rapprocher de temps moins reculés, nous
retrouvons encore l'usure, et nous la voyons renverser
les lois qui la prohibaient pour s'incarner définitivement

dans le droit civil. Ainsi, à Rome, les lois *Genutia* et *Sempronia* disparurent, et le prêt à intérêt fut toléré. Néanmoins les Romains, grands partisans de fictions, préférèrent chercher d'autres motifs à cette tolérance, plutôt que de toucher aux sentiments et aux opinions de leurs ancêtres. Tout en reconnaissant que l'argent ne pouvait rapporter de l'argent, ils ajoutent : *Non ex ipso corpore, in pecuniâ usura pecuniæ non est, sed ex aliâ causâ ; id est novâ obligatione.* — Or, voici ce que c'est que cette *nouvelle obligation* : Quand une personne prêtait une somme à quelqu'un, aussitôt après le prêt le créancier réclamait devant le juge la somme prêtée et se la faisait adjuger. Le débiteur déclarait ne pouvoir payer. Alors il existait une obligation différente de la première, et qui devait nécessairement produire des intérêts, puisque le créancier souffrait du non paiement et devait en être indemnisé. La loi 17, ff. *de usuris*, porte en effet : « que les intérêts d'un argent qui est dû ne » sont adjugés au créancier, par ordre des juges, que » comme une peine, quand ce débiteur diffère et refuse » de payer la somme qu'il a empruntée au temps dont » il est convenu avec celui qui la lui a fournie.

Le *Christ*, en apparaissant dans ce monde au milieu de la barbarie, trouva l'usure ainsi établie, plus forte que toutes les lois qui avaient voulu la renverser. Il l'attaqua : mais il délaissa les arguments et moyens ordinaires. *Armé d'un seul principe* pour régénérer les hommes, *de celui de la Fraternité*, il s'en servit également pour l'usure. « Que celui qui se fera votre serviteur » soit le premier d'entre vous, dit-il ; prêtez sans espoir » de récompense, et votre récompense sera grande au- » près de Dieu. (*Mutuum date nihil inde sperantes, et erit*

» *merces vestra multa, et eritis filii altissimi, quia ipse*
» *benignus et misericors est suprà ingratos et malos.* » —
Luc, 6.)

L'église catholique, en poursuivant l'application de la
doctrine *du Fils de Dieu*, recommença donc l'œuvre de
répression de l'usure. — Mais elle n'invoqua pas seulement le principe de fraternité : en lutte avec les partisans du droit romain, elle se fit légiste aussi elle ; elle
invoqua les principes de droit strict au lieu de s'adresser
au sentiment et à la conscience des hommes. Ainsi, elle
s'appuya sur les causes finales de l'argent, sur sa nature
de corps improducteur, et se servit des mêmes moyens
que les législateurs et les philosophes de l'âge païen.
Tant qu'elle eut le pouvoir temporel, que l'excomuni-
cation ne fut pas entre ses mains une arme usée et
qu'elle domina les rois, elle put lutter avec avantage
contre le droit romain qui était généralement suivi en
France. — Son influence, dans cette question de l'usure,
est assez marquée : c'est à elle que sont dus les capitu-
laires de *Charlemagne*, les ordonnances de *Louis-le-Dé-
bonnaire*, de *Saint-Louis*, de *Philippe IV*, de *Philippe-
le-Valois*, l'édit de *Louis XII*, les ordonnances de
Charles IX, de *Henri III* et l'édit de *Louis XIV* qui ré-
priment le prêt à intérêt. — Mais ces ordonnances et ces
édits avaient beau se succéder, les parlements leur résis-
tèrent toujours. Le droit romain, avec sa réputation de
raison écrite, le droit romain qui était invoqué par les
pays de droit coutumier quand leur droit était silencieux,
le droit romain l'emporta, et le prêt à intérêt, soutenu par
nos légistes les plus en renom, par les *Dumoulin* et
autres qui se fondaient non-seulement sur la *novâ obligatione* des Romains, mais encore sur le *principe de*

louage, finit par passer dans nos mœurs malgré les résistances du clergé.

C'est ainsi que la Révolution de 89 le trouva. Nos législateurs de 1804, imbus eux-mêmes des lois romaines, et qui en étaient les interprètes, conservèrent le prêt à intérêt, et ils laissèrent le droit strict dominer le principe de la fraternité. Ils pensèrent que la nécessité le recommandait pour faciliter le commerce, l'industrie, et ils se rangèrent de l'avis du célèbre chancelier d'Angleterre, *Bâcon*, qui appelait l'usure le chancre de la société; mais qui, convaincu qu'il était impossible et nuisible de la défendre, disait qu'il fallait en émousser la dent pour qu'elle ne mordît pas trop serré. Ils ne cherchèrent donc qu'à en fixer le taux.

Aujourd'hui, dans tous les pays, le prêt à intérêt est également permis. — L'Église n'entonne plus ses anathèmes, ne lance plus ses excommunications, et les prêtres qui ont de l'argent à placer à intérêt ne trouvent pas que la loi civile soit contraire aux principes de la religion.

Mais voici venir des penseurs qui reprennent cette question du prêt à intérêt, et qui, au nom du Christ réformateur, veulent continuer les efforts de l'Église et détruire radicalement l'usure. Pour cela, ils invoquent non-seulement le principe de la fraternité, ils invoquent encore la nature même de l'argent, qui est improducteur par son essence. Mais, pour ne pas retomber dans la faute de l'Église, ils nient le droit de louage qui servit d'arme aux partisans du droit romain. En cela, ils ont du moins le mérite de la logique sur l'Église. — Ainsi, les *communistes* n'admettent pas qu'un homme puisse, sans rien faire et par le seul droit de propriété, prendre

2

une part du travail de son semblable. Tout ce qui est le produit du travail, ils l'accordent au travailleur; et comme l'intérêt de l'argent, ainsi que le prix du louage ou du bail sont le fruit ou le résultat du travail, ils prohibent le prêt à intérêt et le louage. MM. *Proudhon*, *Pecqueur*, *Pierre Leroux*, etc., poursuivent avec ardeur la réalisation de cette doctrine. Sur cette question ils se sont tout à fait séparés de *Fourrier*, qui, dans la répartition des produits, *donne une part au capital*. Ainsi, leurs principes sont radicaux.

Si nos institutions pouvaient répondre au désir que chacun porte en soi de voir améliorer les conditions sociales; si la perfection, cette pierre philosophale, était possible, nous applaudirions avec grand cœur aux doctrines des hommes qui tendent aujourd'hui à renverser tout à fait l'intérêt de l'argent. Mais comment, en face des leçons de l'histoire, des tentatives de l'Église, tentatives qui ont échoué malgré les excommunications, les ordonnances et les édits, pouvoir espérer empêcher cet intérêt. En voulant trop bien faire, on risque de tout bouleverser, et, au lieu de la perfection, de donner la misère. Il y a une leçon à tirer de cet historique de l'usure, c'est que le prêt est nécessaire; c'est que sa prohibition se trouve condamnée par l'histoire. Détruire le prêt à intérêt ce serait détruire le prêt lui-même; et détruire le prêt, c'est détruire conséquemment le crédit, et avec lui le commerce, l'industrie, le travail, la production, et porter atteinte à la fortune publique. Aujourd'hui que la population est immense, il faut rechercher les modes économiques qui ôtent toutes les entraves capables d'arrêter l'activité humaine, combiner ceux qui peuvent activer la production et donner un mobile au travail. Or,

précisément le crédit est un moyen tout-puissant. C'est
par lui que les nations peuvent arriver au plus grand
progrès matériel. Le crédit ouvre en effet la porte aux
spéculations, les spéculations au travail; et le commerce
marchand, en jetant les produits de la fabrication dans
la circulation, en recouvre la valeur qui alimente de
nouveau le travail, la production, et entretient ainsi les
sources de la fortune publique.

Le crédit procure encore des travaux qui ne bénificie-
ront à l'emprunteur que dans un temps éloigné; de sorte
que, par-là, l'homme met le pied dans le domaine de
l'avenir et en escompte à l'avance les avantages. C'est là
même un de ses plus grands effets. C'est un véritable
germe, une véritable semence que l'avenir doit féconder,
et qui donnera des résultats qu'il eût été impossible de se
procurer autrement. Ainsi, l'agriculteur qui avec de l'argent améliore ses champs, sait bien qu'il ne récoltera que
bien tard; que la récompense de ses travaux et de ses
avances se fera attendre plusieurs années; mais il sait
aussi que, dans l'avenir sur lequel il compte, il sera dé-
dommagé amplement de ses dépenses. L'homme spéculateur, industriel, intelligent, trouve avec le crédit le
moyen de donner essor à ses facultés, de créer une fortune; et, par-là, il augmente d'autant la masse de la richesse nationale.

Les socialistes qui connaissent l'importance du crédit
comme un aliment donné à la spéculation et au travail,
espèreraient en vain l'organiser sans exiger d'intérêt. Ce
serait vouloir faire un bâton sans deux bouts. Celui qui
aura de l'argent voudra bien en retirer un intérêt quelconque, ou bien il préférera le garder chez lui. La
banque qui sera l'intermédiaire entre le bailleur de fonds

et l'emprunteur voudra bien percevoir une prime d'assurance et une autre prime pour frais d'administration ; de sorte qu'il y aura toujours pour l'emprunteur une somme quelconque à donner au-dessus du capital, et cette somme sera l'intérêt, l'usure. Il est impossible au penseur le plus éminent de sortir de cette nécessité et de créer des combinaisons possibles qui puissent faire que cela ne soit pas. Que l'intérêt baisse beaucoup son taux, c'est ce que je crois : c'est à cet effet que je travaille et que je m'unis de cœur aux efforts de tous ceux qui demandent sa réduction. Oui, il y a une limite juste, naturelle, qu'il faut atteindre et poser aux prétentions du capital. J'espère que ce taux descendra avant peu jusqu'à 3 $\%$; mais je ne nourrirai jamais la chimérique espérance de le voir disparaître tout à fait.

L'abolition complète de l'intérêt ne serait que le renouvellement des efforts impuissants de l'Église, ou bien elle ne pourrait se faire qu'en détruisant le droit de propriété et en arrivant directement au communisme. Communisme et réduction totale de l'intérêt de l'argent, c'est, pour un homme logique, deux choses qui s'impliquent nécessairement et qui marchent ensemble ; deux choses qui sont dans le même rapport que l'effet avec la cause, et réciproquement.

Sous notre régime social, je regarde le prêt à intérêt comme très nécessaire et indispensable. Parce qu'il est nécessaire, il faut le maintenir dans des limites justes et raisonnables, pour que son excès ne soit pas nuisible ; il faut harmoniser l'intérêt de l'emprunteur avec celui du prêteur. Pour le maintenir dans des limites justes et raisonnables, il faut constituer le crédit. La constitution du crédit, c'est la constitution du travail, de la production, du commerce ; c'est l'émancipation du travailleur, de la propriété et de l'industrie, qui gémissent sous la domination et les abus du capital. Cette question est une des plus importantes de celles qui touchent aux intérêts du peuple et à l'avenir de la liberté et de la démocratie. Au lieu de porter atteinte au capital, de jeter le branlebas sur la propriété, elle harmonise les intérêts de tout le monde. Aussi les membres de la Montagne l'ont considérée avec raison comme une des plus importantes de leur programme.

Quand le crédit sera organisé, alors nous pourrons nous dire indépendants, et l'homme d'intelligence, de travail et d'ordre pourra hardiment marcher vers la fortune, au lieu de se voir rongé et arrêté par une main usuraire. L'agriculture surtout se réveillera de son agonie : elle qui languit et se meurt sous l'étreinte de l'usure, elle se ranimera et ses champs, aujourd'hui abandonnés, prospéreront sous l'influence bienfaisante du crédit agricole. Le crédit, appliqué surtout à l'agriculture, est l'élément le plus salutaire pour la société. Il ne touche pas seulement aux intérêts du propriétaire, il touche aussi à ceux du travailleur de la campagne, de l'ouvrier de la ville, et généralement aux intérêts de tous les citoyens. En effet, l'agriculture en trouvant des fonds à un taux équitable, se lance dans la voie des améliorations, elle féconde les terres, augmente la production, active le travail, utilise les bras, rappelle de la ville le trop plein de la classe ouvrière, et détruit cette concurrence funeste au salaire du travailleur. Ainsi, d'un côté la production devient plus forte ; de l'autre, l'ouvrier trouve toujours du travail et un salaire plus élevé, et par là les deux éléments de la prospérité matérielle de la nation existent à la fois, et l'extinction du paupérisme qu'a rêvée le prisonnier de Ham trouve sa solution.

Ce n'est pas d'aujourd'hui que la prospérité de l'agriculture a été considérée par les penseurs et par les hommes politiques comme la branche du salut des peuples. Turgot, que le Limousin s'honore d'avoir eu pour administrateur, Turgot a toujours indiqué l'agriculture comme la mamelle de l'Etat, la source des richesses, du travail et de la prospérité de la nation. Mais quand on a voulu appliquer les vues de ce ministre, on a trouvé précisément que la cause qui nuisait au développement de l'agriculture était l'énormité du taux de l'intérêt. Sous le gouvernement de Louis-Philippe et dans la session de 1843, les députés de l'opposition ont également signalé l'élévation du taux de l'intérêt ou l'usure comme un obstacle éternel de tout progrès.

En effet, les ravages que l'usure a-produit dans les campagnes sont immenses. L'usure est attachée à la propriété comme un véritable chancre : elle l'absorbe peu à peu ; elle retire au propriétaire et au travailleur les fruits de leurs revenus et de leurs labeurs, pour aller les engouffrer dans les caisses des capitalistes ; elle finit même par se rendre maîtresse de terres qu'ils ont arrosées de leurs sueurs. Déguisée en bienfaitrice, elle soulage un moment pour causer ensuite la misère. Elle produit le même effet que l'opium à fortes doses produit au malade : ce sont d'heureuses illusions d'abord, puis la mort, la ruine. L'emprunteur ne paie pas moins de 6 % à son créancier. Les frais de contrat et tous les accessoires élèvent facilement l'intérêt à 7 et 8 %. Combien paient jusqu'à 15 % et au delà ! Le tableau des dettes hypothécaires est effrayant ; aussi l'expropria-

tion est le résultat inévitable de tout emprunt. Les biens
expropriés ne passent même entre les mains de l'adju-
dicataire que lorsque les terres sont épuisées, que quand
le débiteur poursuivi a détruit ses bois pour parer à l'expropriation dont son créancier l'a menacé. Au lieu d'atti-
rer des améliorations sur la propriété, ce n'est donc que
la dégradation et le ravage que l'usure y sème.

Qu'on ne nous accuse pas de faire le tableau plus triste
qu'il ne l'est, tout le monde en sait assez sur ce sujet, et
les emprunteurs connaissent ce qu'il leur en coûte d'être
obligés d'avoir recours aux hommes de la finance.

La diminution du taux de l'intérêt est donc sollicitée
pour cause d'ordre public. La loi qui est intervenue une
première fois pour déterminer ce taux doit intervenir
encore pour mettre en harmonie les intérêts du prêteur
et de l'emprunteur. Le contrat qui a lieu entre le bailleur
de fonds et le preneur, n'est pas de ces contrats ordinaires où la convention fait toujours foi entre les parties:
ce contrat de prêt à intérêt n'est toléré que dans des vues
de bon ordre. Il est certain que s'il ne pouvait avoir que
des conséquences fâcheuses, le législateur ne l'aurait
point permis. On ne l'admet, comme le célèbre Bâcon et
tous les publicistes ne l'admettent, qu'à cause de son
utilité. La fixation de son taux, les peines portées contre
ceux qui prêtent habituellement au-dessus de ce taux
nous démontrent qu'il n'est basé que sur l'équité et la
justice; qu'il n'est toléré qu'à la condition d'être utile et
profitable à la société, et que par conséquent la société
a le droit de le modifier toutes les fois qu'il est devenu
excessif, nuisible et ruineux. Or, quand le débiteur paie
de si forts intérêts, quand l'usure l'écrase, il y a nécessairement abus, iniquité. Il faut qu'un semblable état de

choses cesse et que la législature nouvelle ferme cette
plaie. La constitution du crédit agricole ne peut avoir
d'effet salutaire que par la diminution du taux de l'intérêt ; vouloir organiser des banques agricoles sans elle,
c'est futilité, niaiserie.

La première conséquence de cette diminution du taux
de l'intérêt sera le dégrèvement de la propriété. Le débiteur pourra respirer plus à l'aise, et espérer non-seulement en la conservation de ses biens, mais encore en
leur amélioration.

La deuxième conséquence sera l'augmentation immé-
diate de la valeur de la propriété. Les capitalistes cher-
cheront à placer leurs fonds sur des biens, et l'on verra
aussitôt ces biens hausser d'une manière considérable.
Certes un résultat semblable est bien à désirer, car depuis
longtemps les propriétaires souffrent assez de la gêne et
de la dépréciation de leur fortune immobilière.

La troisième conséquence sera de donner naissance à
de nombreuses améliorations dans l'agriculture. C'est là
son point important, le résultat le plus social qu'elle
pourra produire. En effet, considérons la position ac-
tuelle des choses : voit-on un agriculteur emprunter pour
améliorer ses champs ? Non. Le riche propriétaire qui a
des fonds dans sa caisse ne préfère-t-il pas les placer
que d'améliorer ses biens ? Oui. L'un et l'autre agissent
dans ce cas pour le mieux de leurs intérêts, et on ne
saurait leur en faire un crime. L'agriculteur sait ce qu'il
en coûte d'emprunter. Le riche propriétaire sait aussi
qu'une amélioration est souvent une véritable acquisition.
S'il lui faut dépenser dix mille francs, par exemple, pour
n'augmenter ses revenus que de cinq cents francs, il
préférera les placer à 5 ou à 6 %. Mais, supposons

que l'intérêt de l'argent soit à 3 %, : cette amélioration
où il faut une dépense de dix mille francs pour en retirer
cinq cents francs de revenus, se fera, car on retirera par
là deux cents francs de plus de revenu que si l'on plaçait
ses fonds à ce taux de 3 %; et comme tout revenu
représente un capital proportionnel, ce sera par conséquent un bénéfice de six mille francs pour le propriétaire,
bénéfice bien capable de lui inspirer à faire cette amélioration. Combien d'améliorations restent ainsi dans le
néant, combien de pertes occasionnées aux propriétaires,
aux travailleurs, à la fortune publique; combien de
travaux restent inconfectionnés, de produits perdus,
parce que le taux de l'argent est trop élevé! J'avais donc
raison de dire que la constitution du crédit c'est la
constitution du travail, de la production; que c'est l'é-
mancipation du travailleur et de la propriété.

Quel est le taux juste, équitable que la loi doit permettre? Ce taux doit être le même que le revenu réel et
net de la propriété donnée à ferme. Le revenu de la
propriété foncière qui arrive ainsi au propriétaire, sans
travail et sans peine, est le revenu réel du capital, puisque
le fond a été acquis par ce capital. Tout capitaliste, en
achetant un bien, en retire un revenu semblable : il faut
donc, s'il prête son argent, qu'il retire un intérêt équivalent de l'emprunteur. D'autre part, ce revenu que retire le propriétaire, ne lui advient que prélévement fait
de la part ou du salaire du cultivateur qui, dans la ferme
ou le colonage, trouve dans le bien son existence per-
sonnelle et celle de sa famille. Il faut donc, par assimila-
tion, que l'emprunteur, qui est l'ouvrier, l'instrument
des revenus que produit le capital, trouve également son
salaire, ses bénéfices, au lieu de trouver sa ruine dans

l'emprunt qu'il a fait. Le taux de l'argent doit, par conséquent, s'équilibrer autant que possible avec les revenus de la propriété. Cette base est fixée sur l'équité ; elle moralise le droit de propriété en empêchant son abus.

La propriété donne, en terme moyen, 3 %; c'est donc à 3 % que doit être réduit le taux de l'intérêt. M. *Wolowski*, dans son *traité de l'organisation du crédit foncier*, pag. 115, établit cette même base. Il reconnaît que l'on doit tendre à faire équilibrer le revenu de l'argent avec celui de la terre. Recherchant ensuite à quelles causes tient ce défaut d'équilibre, il déclare que cela tient aux vices de notre législation et à la forme du prêt hypothécaire. Pour tout remède il demande la révision du régime hypothécaire et l'organisation du crédit foncier. Il oublie une chose, c'est qu'il faut que la loi réduise le taux de l'intérêt ; c'est là le complément du remède.

L'organisation du crédit foncier qui fait l'objet de nos recherches a paru à plusieurs esprits un mot chimérique, un terme sonore mais vide de sens. Pour d'autres personnes qui se sont émues des maux causés par l'usure, cette organisation consisterait purement et simplement à réduire le taux de l'intérêt, sauf à laisser ensuite les choses marcher au hasard. Pour les hommes qui connaissent *les exigences naturelles* du capital, l'organisation du crédit agricole a une autre portée : ce n'est pas seulement de faire que l'emprunteur s'adresse à une banque au lieu de s'adresser à un particulier ; ce n'est pas d'opérer ainsi un changement de personnes : cette organisation a un but économique, qui est précisément de *maintenir l'équilibre entre le revenu de la terre et l'intérêt de l'argent.* c'est là le résultat qu'elle doit réaliser sous

peine de voir revenir la même disproportion qui existe
entre eux, et de ne produire dans le prix des choses
qu'une hausse qui ne serait favorable qu'aux débiteurs.

L'organisation du crédit agricole a encore d'autres effets économiques à réaliser : c'est pour cela qu'elle doit
s'élever à la hauteur d'une véritable institution nationale.
Les principes économiques sur lesquels elle reposera fe-
ront son importance, sa valeur réelles. C'est en interro-
geant la nature de la propriété, en recherchant quelle
est la cause de l'élévation du taux de l'intérêt, en scru-
tant les vices du prêt ordinaire et en se demandant
quels sont les meilleurs moyens d'emprunt et de libération, qu'on pourra arriver à une solution favorable. L'œil
de l'observateur doit tout embrasser : s'il néglige quelque
côté, il ne crée que l'imperfection. Or, il est peu d'institutions dont le mécanisme soit plus difficile que celle de
l'organisation du crédit agricole.

Une des causes de l'infériorité du crédit agricole sur
le crédit commercial résulte de la différence même qui
existe entre la propriété mobilière et la propriété immobilière. Le propriétaire débiteur est toujours sûr de payer
au créancier un intérêt plus fort que le revenu qu'il peut
retirer du capital emprunté. Le commerçant débiteur peut
au contraire bénéficier de l'emprunt. Tout dépend de son
activité et de son savoir dans le commerce. Le propriétaire débiteur ne peut arriver à faire le remboursement
qu'après un terme très long. Le commerçant a toujours
sous sa main un actif réalisable et qu'il est de son intérêt
de réaliser pour se créer des bénéfices. Ainsi, d'un côté,
le propriétaire est exposé à des pertes, et de l'autre il se
trouve sans cesse sous le coup de l'expropriation. Livré
pieds et poings liés à son créancier, sa fortune dépend

entièrement des faits de ce dernier qui peut le perdre à sa volonté.

La *mobilisation* du sol a été un expédient présenté pour mettre le crédit foncier sur la même ligne que le crédit commercial, afin de rendre la réalisation du fonds aussi facile que celle des marchandises dans le commerce. Ce système de mobilisation a été même fort à la mode parmi quelques écoles économistes, et on l'a vu mettre en avant par la *commission nommée à l'Assemblée nationale* pour présenter un projet de crédit, quand elle demandait l'émission de *deux milliards de bons hypothécaires*.

Si *mobiliser le sol* c'est *émanciper la propriété* du joug des capitalistes, la création d'une banque nationale opèrera le même effet. Si c'est, au contraire, *faire que le terme de libération ou de paiement ne soit pas trop court, qu'il ne soit pas un écueil pour l'emprunteur*, toute la question se résout en l'adoption de l'amortissement.

L'amortissement dont nous venons de parler est le vrai moyen de faciliter la libération du débiteur et de lui épargner l'expropriation. Il est, après la diminution du taux de l'intérêt, la combinaison la plus heureuse que l'on puisse appliquer au crédit agricole, et la plus salutaire pour l'emprunteur et la propriété. Echelonnant les pactes pendant plusieurs années, les réduisant à une redevance très faible, il permet au propriétaire de ne pas se trouver écrasé, comme par un remboursement rapproché. L'amortissement auquel il se trouve soumis ne l'oblige, pour y faire face, qu'à de légères économies; de sorte qu'il arrive à solder sa dette du fruit de ces mêmes économies. Disons même, pour être dans le vrai, que les améliorations qu'il aura faites avec le capital emprunté

lui procureront un surcroît de revenu suffisant pour opérer l'amortissement.

Ne voit-on pas déjà l'influence heureuse de l'amortissement. D'un côté, l'organisation de l'épargne, de l'économie, de l'ordre ; de l'autre, pour conséquence, l'amélioration de l'agriculture, la création de nombreux travaux, l'augmentation de la production et de la richesse
territoriale.

Des personnes ont voulu critiquer l'effet de l'amortissement, en se fondant sur l'exemple du gouvernement
anglais qui l'a supprimé. Mais cet exemple n'est pas applicable. Je reconnais que, pour la dette d'un gouvernement, l'amortissement n'est qu'une déception et une dé-
rision amère ; j'ajoute même qu'il est une grosse niaiserie
qui coûte, en France, d'assez forts traitements. Mais,
pour un particulier, il n'en est pas de même. Il lui procure d'abord un délai assez long pour se libérer ; il le
force surtout, pour faire face au paiement de chaque
pacte, à *faire des économies sur ses revenus*. Le débiteur
balance ainsi sa dépense avec sa recette, et il arrive peu
à peu, sans que le fardeau soit trop lourd, au dernier
terme de paiement, ayant augmenté sa fortune de tout
l'emprunt qu'il a fait. En *Prusse*, en *Allemagne*, en *Pologne*, toutes les banques territoriales ont adopté le système de l'amortissement, et les conséquences en sont
toutes favorables. Si un gouvernement prélevait chaque
année, sur les fonds publics, une somme suffisante pour
amortir sa dette, et que, d'autre part, il harmonisât ses
dépenses avec le reste de ses ressources, il y aurait alors
un véritable amortissement, parce qu'il y aurait les mêmes qualités d'ordre et d'économie de la part des gou-
vernants. Dans cette question, les Anglais ont eu raison

de penser que, pour l'extinction de leur dette inscrite, il ne fallait qu'arriver à un *excédant* de revenu sur les dépenses publiques.

Tels sont les effets économiques de l'amortissement : une banque agricole qui l'adoptera, sera comme le soleil qui, arrachant à la terre une partie de l'eau qui la recouvre, la lui rend en une pluie abondante et féconde. Tous les hommes ne sont pas *économes par caractère;* ils ne sont pas tous *laborieux par tempérament : il appartient aux bonnes institutions de donner aux citoyens un mobile d'ordre, d'économie et de travail.*

Quelle doit être la durée de l'amortissement? En Pologne, elle est de vingt-huit ans; en Belgique, de trente ans; dans le grand duché de Posen, de quarante et un ans. Si en France l'on réduisait l'intérêt à 3 %, en ajoutant 3 % de plus, ce qui ferait en tout 6 %, on amortirait la dette en vingt et un ans. Cette durée me paraît convenable, ni trop faible ni trop élevée, et le taux de 6 % n'a rien d'excessif. Ainsi, avec 6 % qu'on paierait pendant vingt et une années consécutives, on éteindrait entièrement sa dette, c'est-à-dire on paierait un capital de cent francs avec soixante-six francs, tandis qu'aujourd'hui 6 % suffisent à peine à servir les intérêts. Après ces vingt et et une années *on serait libéré,* aujourd'hui *on est ruiné.*

La constitution de l'amortissement exige nécessairement la création d'une banque nationale, parce qu'il faut un intermédiaire responsable et solidaire qui réponde du paiement des intérêts du capital. Sera-ce l'État qui sera cet intermédiaire, ou sera-ce une administration particulière en dehors du gouvernement? Dans cette question, M. Wolowski opinerait pour que ce fût l'État;

mais, craignant les préjugés en cette encontre, il opte pour que ce soit une administration particulière. Il est assez triste de voir la raison plier sous le poids du préjugé, de délaisser, en connaissance de cause, la meilleure voie pour une moins bonne. Le *formalisme* a assez gouverné les esprits pour que le bon sens les éclaire désormais, et qu'ils ne se laissent plus guider par les apparences. En constituant l'administration de la banque nationale par l'État de manière qu'elle soit *indépendante*, qu'elle ait *ses caisses distinctes et inviolables*, on aura tous les avantages d'une banque particulière sans en avoir les inconvénients. Le crédit agricole est d'intérêt général ; l'intérêt général engendre une solidarité : il faut constituer la solidarité humaine et la formuler par des institutions nationales et gouvernementales.

Nous arrivons maintenant à la manière dont la banque agricole opèrera : prêtera-t-elle de l'argent ou n'en prêtera-t-elle pas ? Cette question est la difficulté épineuse du crédit foncier. C'est à ce point que sont venus se briser bien des projets. La commission du crédit foncier, préoccupée des ravages que cause l'usure, voyant que la circulation de l'argent était trop restreinte et ne répondait pas aux besoins du pays, avait proposé l'émission de deux milliards de bons hypothécaires ayant cours forcé. Ainsi l'emprunteur, au lieu d'argent, aurait reçu du papier de la banque pour lequel il aurait payé à l'État un intérêt de 3 ½ °/₀. Ce projet eut été d'une belle ressource pour le gouvernement qui aurait perçu de cette manière soixante-dix millions par an de revenu provenant des intérêts. Mais combien eût-il été désastreux pour le pays. L'émission de deux milliards de bons hypothécaires n'aurait fait que jeter une perturba-

tion effroyable sur les fortunes placées à intérêt. Comme
tout aurait augmenté de prix et que la dette est toujours
d'une *valeur nominale*, on aurait ainsi payé une somme
portant *sa valeur intrinsèque*, normale et régulière, *avec
une valeur de même quotité nominale*, mais non de *même
quotité intrinsèque*. Cette augmentation évidente était la
conséquence naturelle des choses, et ç'a été une des grandes erreurs de la commission de s'imaginer que la sûreté
du remboursement du bon hypothécaire devait maintenir le même cours dans le prix des choses. L'argent est
comme une marchandise : il augmente ou diminue de
valeur, suivant qu'il est rare ou abondant. Si les mines
de la Californie faisaient rentrer en France pour deux
milliards d'or et d'argent, le même phénomène se produirait comme pour les bons hypothécaires. Si au contraire
l'Europe possédait pour dix fois moins de numéraire, ce
numéraire vaudrait alors dix fois plus, ce qui reviendrait
toujours au même. La valeur de l'argent est toujours en
raison inverse de sa quantité, et s'équilibre avec les besoins qu'on en éprouve. Aussi c'est une folie de croire
que le sol peut se monnayer, se mobiliser.

Il y avait, dans les principes invoqués par la commission du crédit foncier, en faveur de son projet, *les
motifs même* de son erreur. La commission, pour faire
adopter la création de son papier monnaie, se fondait sur
l'existence du papier de crédit de l'État, du commerce,
sur celui de la banque de France ; mais, *précisément* ce
qui fait la force de ces papiers, c'est que les premiers
donnent *un intérêt au porteur*, et que tous *sont réalisables
en numéraire*. Le numéraire est donc le fondement du
crédit ; c'est lui que l'on possède en possédant le billet
de la banque de France ; c'est lui que l'on a toujours en

vue et en espérance. Ceci est une vérité que l'on ne devrait jamais oublier. Je ne dirai pas pour cela avec
M. Thiers que le bon hypothécaire soit bien inférieur à
l'assignat d'autrefois ; je ne chercherai pas, comme lui,
à ravaler le projet de la *commission* au point de déclarer
que ce serait faire trop d'*honneur* au bon hypothécaire
que de le comparer au papier-monnaie qui a jeté tant
de familles dans la misère. L'émission de deux milliards
de bons hypothécaires n'avait, ni pour *sa quantité*, ni
pour *l'assiette de la propriété sur laquelle elle reposait*,
des dangers *aussi grands que les assignats*.

Tous les autres projets qui ont été présentés à l'Assemblée nationale adoptaient également l'émission de
bons de circulation ou de valeurs au porteur semblables,
quant à leurs effets, au papier-monnaie ; aussi tous ont
été repoussés. Le souvenir funeste des assignats les a fait
évanouir comme le soleil levant dissipe et chasse les
brouillards malsains. On doit donc écarter toute création
d'un papier-monnaie quelconque, sous quelque forme
qu'il se présente, ayant cours forcé, non exigible à une
certaine date, et ne donnant ainsi droit au porteur à la
perception d'aucun intérêt.

M. Wolowski a présenté un système d'organisation
du crédit foncier d'après lequel, au lieu d'un papier-
monnaie, la banque agricole émettrait des titres appelés
lettres de gage, portant intérêt entre les mains du porteur. Ce système, qui n'est pas de son invention, comme
il l'avoue, est la reproduction de celui qui se pratique
en Prusse et dans les États allemands et autrichiens.
Comme il a eu le baptème de l'expérience et de l'épreuve,
et qu'il a rendu de grands services dans ces pays, le
gouvernement de la République paraîtrait disposé à en

3

admettre l'application. D'après ce système , l'emprunteur,
à la place de l'obligation foncière qu'il contracte avec
inscription sur ses biens et de l'engagement de sa part de
payer chaque semestre un intérêt déterminé, reçoit de
la banque agricole un titre portant le même intérêt et
transmissible au porteur. Dans les Etats prussiens et allemands ce titre ou lettre de gage se négocie toujours au
pair, de manière que l'emprunteur se procure facilement
de l'argent.

Voici la formule générale de ce système , tirée de la
proposition faite par M. Wolowski à l'Assemblée nationale. Nous ne reproduisons pas les articles qui ont trait
à des dispositions particulières et tout administratives :

ARTICLE Ier.

L'association des propriétaires d'immeubles , dans la forme et sous les
conditions prescrites par le présent décret , constitue l'Association territoriale de crédit.

ARTICLE II.

Elle a pour but de procurer aux propriétaires un crédit en lettres de
gage , jusqu'à concurrence de la moitié de la valeur de leurs propriétés.

ARTICLE IV.

Tout membre de l'association de crédit territorial s'engage à verser
chaque année, en deux termes égaux, 5 % du capital nominal des
lettres de gage qui lui ont été remises , moyennant quoi il sera complètement libéré en quarante-deux années.

ARTICLE V.

Les lettres de gage porteront un intérêt annuel de 3 fr. 65 c. %.

ARTICLE X.

Aucuns priviléges ni hypothèques légales non inscrits ne peuvent
primer les lettres de gage, dont l'intérêt , accru de l'amortissement et

des frais (5 °/₀), sera exigible sous les mêmes conditions de recouvrement que l'impôt.

Article XI

L'association de crédit territorial procèdera à la purge partielle des immeubles dont les propriétaires déclareront vouloir obtenir un crédit en lettres de gage. A cet effet, elle provoquera, suivant les formalités prescrites en cas de vente par le Code civil, l'inscription des priviléges et hypothèques légales, et elle offrira le remboursement en lettres de gage de toutes les créances, jusqu'à concurrence de la moitié de la valeur de l'immeuble.

Article Iᵉʳ.

Des dispositions transitoires.

Chaque propriétaire d'immeubles a la faculté de souscrire l'engagement de verser au trésor des centimes additionnels volontaires, jusqu'à concurrence du principal de l'impôt foncier. Ces centimes additionnels seront payés dans les mêmes formes que l'impôt, et sous les mêmes rigueurs d'exécution ; ils jouiront de tous les droits de priorité acquis à l'impôt.

Article II.

Pour chaque cinq francs ainsi souscrits, le trésor public délivrera une obligation hypothécaire de cent francs, sous la condition d'emploi de cette somme déterminé par l'ayant-droit. Cet emploi aura lieu soit en travaux d'améliorations agricoles, soit en remboursement du pricipal ou en paiement d'intérêts des créances hypothécaires qui grèvent l'immeuble, dans l'ordre de leur inscription.

Article III.

Les obligations hypothécaires jouiront, par chaque fraction de cent francs, d'un intérêt de 3 fr. 65 c. par an, payable au porteur par semestre.

Au premier abord on s'imaginerait que cette création de lettres de gage est une création déguisée du papier-monnaie, parce que c'est toujours du papier donné à l'emprunteur à la place d'argent, et du papier que le dé-

biteur donne à son créancier en paiement. Mais il n'en
pas ainsi. Le papier-monnaie ou l'assignat remplace l'argent, il ne porte pas d'intérêt à celui qui le possède, il
est entre ses mains un moyen d'échange et non de produit. La lettre de gage, tout au contraire, au lieu de
remplacer l'argent, l'attire, elle lui offre un moyen de
placement et lui porte des intérêts. Semblable à la rente
sur l'Etat, elle a même un avantage de plus qu'elle, c'est
d'être remboursable par la voie de l'amortissement et de
ne pas avoir ce caractère d'aliénation à titre perpétuel,
par conséquent d'avoir toujours sa même valeur fixe et
invariable.

Cette différence qui existe entre la lettre de gage et le
papier-monnaie est immense : il y a tout un abîme entre
eux. En effet, l'argent est, comme une véritable propriété
foncière, sujet à revenus. Il est de son essence de produire et non de rester improductif. Le bon hypothécaire
venant lui fermer la voie du placement sur prêt, plutôt
que de rester inerte entre les mains de son possesseur, il
irait se placer sur des immeubles, concurremment avec
les bons hypothécaires, pour occasionner, comme nous
l'avons vu, une hausse extraordinaire sur la valeur des
choses et jeter une perturbation dans les fortunes. Ainsi,
le bon hypothécaire n'aurait pour résultat que d'ébranler
le commerce, les transactions, et jeter l'effroi sur la société ; il ne ferait qu'augmenter la quantité des signes
d'échange, sans arriver au but que l'on s'était proposé.
La lettre de gage, au contraire, est comme le papier de
crédit de l'État, comme celui du commerce, réalisable
en argent. Loin de remplacer l'argent, elle ne peut se
passer de lui. elle le recherche et lui paie tribut. Celui
qui est porteur d'un bon hypothécaire n'en retire aucun

fruit, à moins de s'en servir pour des spéculations de commerce ou d'être assez riche pour le placer sur une acquisition immobilière ; mais s'il est un ouvrier, il aura entre mains un titre qui ne lui rapportera aucun revenu, de sorte qu'il sera impossible au prolétaire et à tout citoyen peu aisé de faire fructifier ses économies. La lettre de gage, au contraire, donne au porteur un intérêt semblable au revenu des biens immeubles, et dont le service est sûr et exact. Chacun en plaçant ses fonds sur une lettre de gage se trouve possesseur, pour ainsi dire, d'une propriété de même valeur, et dont il retire un produit équivalent. La lettre de gage est donc l'antidote du bon hypothécaire : c'est la richesse au lieu de la ruine, l'harmonie au lieu du bouleversement ; c'est, pour l'emprunteur, l'assurance d'avoir de l'argent au moyen d'un titre d'une valeur fixe et assurée, et pour lequel il n'est pourtant pas tenu de payer un intérêt plus fort que pour le bon hypothécaire ; pour celui qui a des économies à placer, c'est un supplément de revenu, c'est une retraite pour ses vieux jours.

Économiquement parlant, la lettre de gage a d'autres conséquences avantageuses. Ces conséquences sont d'activer la circulation de l'argent, et par ce moyen de combler le vide qui s'est produit en France. L'abondance de l'argent ne résulte pas, en effet, précisément de sa quantité ; elle résulte bien plus et principalement de sa circulation. Le mode qui activera cette circulation remplira mieux le but que celui de battre monnaie et de multiplier les signes d'échange. Or c'est là l'avantage de la lettre de gage. Une personne aura-t-elle de l'argent à placer, de suite elle le fera sur lettre de gage ; cette personne aura-t-elle besoin de tout ou partie de son argent, immédiatement elle pourra en réaliser le montant. De cette manière l'argent ne séjournera jamais : produisant toujours et incessamment, il passera de la main de celui qui voudra le placer dans la main de celui qui en aura besoin ; sa circulation sera de tous les instants, répondra à tous les besoins, et facilitera les mutations et les échanges. Pour l'emprunteur elle aura un autre avantage : s'il a des travaux à exécuter, des améliorations à faire, il pourra ne négocier ses lettres de gage qu'à proportion de ses besoins ; au lieu que si son emprunt était fait en argent, il serait obligé de le garder jusqu'à la fin de ses travaux et des améliorations, et de perdre ainsi les intérêts des sommes qui séjourneraient dans ses mains. En gardant la lettre de gage, s'il paie des intérêts d'un côté, de l'autre il les compense comme porteur.

Sous quelque point de vue que l'on envisage la lettre de gage, elle ne peut être que d'un bon effet : source de crédit, moyen de circulation, facilité et sûreté de placement, production incessante de revenu pour le porteur, facilité de remboursement pour l'emprunteur, elle renferme en elle tous les avantages qu'on peut supposer et donner à un papier de crédit. C'est une bonne importation à faire en France, une institution à envier à nos voisins d'outre-Rhin.

Mais, pour faire cette naturalisation et créer en France des banques de crédit agricole, il ne s'agit pas de copier servilement les banques d'Allemagne : l'institution du crédit touche à d'autres institutions civiles qui peuvent différer dans les deux pays et donner lieu à quelque changement. Il peut y avoir des modifications importantes à faire sans lesquelles la banque agricole ne pourrait réussir. Ainsi, parmi ces modifications se trouve

la réforme du régime hypothécaire, régime qui se lie
intimement avec l'organisation du crédit foncier. Il en
est une autre surtout qui se trouve essentielle, sans laquelle le fonctionnement de la banque serait impossible,
c'est la réduction du taux de l'intérêt. Comme nous l'a-
vons dit, cette réduction sera le complément du remède
qui détruira les abus du capital. Sans elle, l'émission des
lettres de gage ne serait qu'une chose mort-née, impuissante contre le mal, et funeste aux emprunteurs.
M. Wolowski, qui reconnaît que l'organisation du crédit
agricole doit tendre à faire équilibrer les revenus de la
propriété avec ceux de l'argent, a manqué complètement
son but en ne cherchant à poser aucune limite aux
exigences du capital. Non-seulement il a formulé son
système de manière à le rendre inapplicable dans les
temps actuels, mais même à le rendre inapplicable dans
les temps de prospérité et d'ordre public. Si l'Assemblée
législative en acceptait ainsi l'application, les désastres
qu'il occasionnerait seraient immenses pour les emprunteurs, ou bien la banque subsisterait, mais sans qu'aucun
propriétaire s'avisât de s'adresser à elle. C'est le mal ou
l'impuissance qu'il a créés.

En recherchant ce qui arrivera au propriétaire qui
s'adressera à la banque agricole de M. Wolowski, on
comprendra aisément ce que j'avance. L'emprunteur, à
la place de l'obligation qu'il contracte envers la banque,
reçoit une lettre de gage : — Mais ce n'est pas le tout,
comme on sait. Il faut que l'emprunteur, avec sa lettre
de gage, cherche de l'argent et de l'argent à 3 f. 65 c. $^{o}/_{o}$
d'intérêt, taux que M. Wolowski a ainsi fixé dans sa
proposition. — Or, quel est l'homme qui, sachant qu'il
peut placer son argent à 5 et 6 $^{o}/_{o}$, voudra prendre cette

lettre de gage au pair et se contenter ainsi de 3 f. 65 c. $^o/_o$ d'intérêt? Lorsque la propriété se vend aujourd'hui au taux de 4 $^o/_o$, quel est encore celui qui ne préférerait pas acheter du bien, plutôt que de placer son argent au taux inférieur de 3 fr. 65 c. $^o/_o$? On alléguerait en vain que, si l'on ne place son argent qu'à 3 fr. 65 c. $^o/_o$ sur lettres de gage, du moins on est sûr d'être remboursé du capital et d'être exactement payé des intérêts. Celui qui aura des fonds à prêter vous répondra qu'il les placera sûrement, au moyen de bonnes garanties hypothécaires, et qu'il en retirera 5 ou 6 $^o/_o$ et d'avance. Malgré ces considérations que fera valoir le capitaliste, et en admettant même qu'il fût plus sage pour lui de prendre des lettres de gage au pair; en admettant qu'il y eût des hommes de raison pour comprendre qu'il serait de leur intérêt de se contenter d'un placement qui offre une sûreté parfaite, pourtant accepteront-ils ces lettres de gage au pair? Eh bien, non! ils ne les accepteront pas, par ce motif qu'ils ne seraient pas sûrs, à leur tour, de les replacer au pair; ils ne les accepteront pas, parce qu'ils auront des craintes, qu'ils n'auront pas confiance.

Aujourd'hui chacun comprend qu'il y aurait avantage pour tous de continuer ses dépenses comme aux époques de prospérité publique, de faire travailler, de consommer, de donner enfin de l'activité au commerce. Ce que chacun comprend, personne n'ose pourtant le faire, parce qu'on craint de ne pas trouver d'imitateurs, d'être dupe de sa bonne volonté; parce que également on n'a pas confiance. — Le même phénomène qui se produit actuellement pour les transactions et le commerce, se produirait pour les lettres de gage de M. Wolowski. C'est en vain que l'emprunteur cherchera avec sa lettre de gage de l'argent à 3 fr. 65 c. %, il n'en trouvera pas. En trouvera-t-il même à 6 % ? Qui oserait l'assurer, quand on songe que la négociation en sera d'autant plus difficile qu'elle se fera bien au-dessous du pair; que lorsque la défiance s'attache à une chose, que quand le discrédit tombe sur une valeur, sa dépréciation descend jusqu'aux degrés les plus bas. Une lettre de gage de 1,000 fr. ne trouvera guère à se placer que pour 5 ou 600 fr. de perte, ce qui donnera un déficit d'au moins moitié de sa valeur à l'emprunteur. — Si on force le créancier à accepter en paiement de ce qui lui est dû une semblable lettre de gage et au pair, ce sera une véritable banqueroute qu'on lui fera éprouver.

Soit que la libération de la lettre de gage soit forcée, soit qu'elle ne le soit pas, on aura toujours, pour le créancier ou pour l'emprunteur, créé un sujet de déception et de ruine, et institué une banque qui sera nuisible au lieu d'être salutaire. L'erreur de M. Wolowski est d'autant plus incompréhensible qu'aux époques les plus tranquilles et les plus sûres pour le crédit public, la rente n'a jamais dépassé cent vingt francs, et qu'à ce chiffre de cent vingt francs l'intérêt se trouve encore avoir été sur le pied de 4 fr. 15 c. % au lieu de 3 fr. 65 c.

La qualité économique de la lettre de gage et la réforme hypothécaire seraient impuissantes, à elles seules, de faire accepter les lettres de gage au pair. C'est avoir trop bonne opinion d'un système de crédit foncier que de croire qu'on peut ainsi taxer la confiance et espérer que le taux de l'intérêt descendra à 3 fr. 65 c. % par le seul effet de la création de la lettre de gage. Le seul moyen de faire refluer l'argent vers la banque de crédit agricole et de lui faire rechercher le placement sur lettre

de gage, c'est de lui fermer un placement à un taux supérieur. On comprend que tant que la loi permettra un
taux élevé, le capitaliste préférera encore prêter ses fonds
à ce taux et courir les chances de ce placement que de
prêter à un taux beaucoup plus bas, quoique le placement fût très sûr. Il y a entre ces différents taux une
trop grande différence pour que l'argent recherche plutôt la lettre de gage que le placement ordinaire, quoique, entre ces deux placements, il y ait des degrés différents de solidité. Le capitaliste sait bien qu'il peut perdre tout ou partie de son capital, mais encore a-t-il pris
ses garanties et est-il séduit par les gros intérêts qu'il
retire. Faites, au contraire, que la loi *fixe un taux tel
que le capitaliste recherchera de préférence la lettre de
gage avec les 3 %₀ qu'elle donnera*, et alors, *mais seulement alors, vous pourrez espérer pouvoir organiser le
crédit.*

La réduction légale de l'intérêt serait pourtant une
chose vaine et inutile si la banque dont nous recherchons
l'établissement n'était pas basée sur une solidité indubita-
ble. Si elle avait l'incertitude du placement ordinaire, les
lettres de gage ne se prendraient pas au pair; car le capitaliste ne consent à prêter son argent à intérêt qu'en
stipulant un intérêt assez fort pour l'indemniser des pertes
qu'il pourrait éprouver. Ceci est dans la nature non-seulement du capital mais de toutes les choses humaines. Tout
ce qui est jeu, hasard, incertitude, ne peut avoir la même
valeur que ce qui est sûr et certain. C'est même à cause
des chances de perte que le législateur a établi une différence entre le taux civil et le taux commercial. *La banque
doit être aussi sûre que la propriété elle-même. Avec cette
solidité*, on verra l'argent rechercher aussi bien le place-

ment sur lettres de gage que sur les biens fonds. Si la
lettre de gage n'offre pas le même agrément que la propriété, du moins elle en a un précieux, c'est de donner
des intérêts dont le service est régulier, d'être réalisable
à volonté, en tout ou en partie et au pair, et de ne pas
avoir des revenus aussi variables et aussi difficiles à percevoir que ceux des biens de la terre. Avec cette solidité, on aura donc un équilibre entre les revenus des biens
et ceux de l'argent ; *équilibre que nous avons posé comme
nécessaire, équitable, juste, précieux en ses effets économiques ou sociaux ; comme le but de nos recherches et le
fondement du crédit foncier.*

La solidité de la banque agricole est le moyen *sine
quâ non* d'avoir et de maintenir cet équilibre. Sans cette
solidité, tout croule ; — la valeur de la lettre de gage
est incertaine, variable, et sa transmission retombe dans
les effets des contrats aléatoires. — L'organisation du
crédit foncier est ainsi comme un véritable montre : tout
s'y lie, s'y enchaîne, et la moindre roue, le moindre
ressort mal disposés, la moindre fausse combinaison arrêtent tout le mouvement de la machine. Or, je me
demande si l'association territoriale de crédit présentée
par M. Wolowski, association qui ne prête que jusqu'à
concurrence de la moitié de la valeur de la propriété,
qu'après avoir rempli les formalités de la purge et obligé
l'emprunteur a assurer ses bâtiments, peut offrir de
grandes garanties de sécurité. Peut-on répondre affirma-
tivement, en songeant que dans cette association il
n'existe, entre les emprunteurs ou associés, *aucune solidarité pour parer aux pertes qui peuvent exister ?* évi-
demment non. Quelles que soient les garanties dont la
banque s'entourera, quelles que soient ses qualités d'ordre

et d'intelligence, *on ne peut assurer qu'elle n'éprouvera point de pertes.* — Or, en cette matière, l'incertitude même est un danger ; elle est incompatible avec la confiance et la sûreté qui doivent être les qualités essentielles, incontestables et incontestées de la banque agricole. C'est pour cela que la banque doit passer entre les mains de l'État ; que l'État doit être responsable des intérêts et du capital de la lettre de gage, et venir ajouter à la garantie du sol de l'emprunteur, sa propre garantie, qui est celle de tous les citoyens, de tous les imposés ; — comme on dit : *Mieux vaut deux sûretés qu'une.*

Le droit de purge que propose M. Wolowski comme moyen d'éclaircir la position du débiteur et faire surgir de l'obscurité les dettes cachées qui grèvent la propriété, est un moyen ingénieux.

Pour que la banque soit bien solide, ou du moins pour que l'État ne soit pas victime de son engagement solidaire envers les porteurs des lettres de gage, il faut user des moyens qui peuvent lui faire connaître, d'une manière certaine, la position de fortune de chaque emprunteur. Mais l'application de la purge, en cette matière, ne peut être qu'une mesure transitoire. C'est par une large réforme du régime hypothécaire qu'on arrivera à un système complet de publicité qui garantira les prêteurs de toute mauvaise foi de la part des emprunteurs. Il faut qu'on supprime les hypothèques légales : — elles ont assez causé de ruine à d'honnêtes créanciers, elles ont donné lieu à assez de fraudes et de procès scandaleux pour que la société enlève de ses lois ce foyer de tromperies et de dols honteux. S'il est bon de prendre en mains l'intérêt des femmes mariées et des pupilles, il est bon aussi de prendre celui des créanciers. — Dans cette question, il ne faut pourtant pas croire que nous voulions porter atteinte aux garanties naturelles que la société doit toujours surveiller et exiger en faveur des femmes mariées et des pupilles. Si nous désirons voir détruire les abus de l'hypothèque légale ou occulte, nous désirons aussi maintenir les droits et les garanties sacrées des personnes sous puissance de mari et de tuteur ; et c'est à harmoniser ces intérêts, jusque-là ennemis, c'est à faire que ni les uns ni les autres ne soient sacrifiés, que la réforme du régime hypothécaire doit tendre et diriger ses efforts. Je n'ai pas la prétention de formuler un projet de loi; mais j'ai la conviction que cette réforme est possible. Nous ne désespérons pas ainsi de l'avenir et de la science humaine. Que le gouvernement fasse publier un résumé de toutes les observations, de tous les travaux des cours et des tribunaux, ainsi que des écoles de droit sur la réforme des hypothèques, et l'on verra sans doute surgir la solution si longtemps attendue. — Les esprits sont à la réforme, et il appartient aux esprits réformateurs de mettre la loi en harmonie avec le progrès social, avec les besoins nouveaux d'activité, de travail, de production et d'améliorations agricoles et commerciales.

Ces idées réformistes peuvent effrayer les hommes du *statu quo*; mais ces idées, en se renfermant dans les limites du *possible*, dans *les voies de la sagesse*, peuvent seules donner au monde nouveau les moyens de prospérité, d'ordre et de calme qu'il recherche. La société s'est bien transformée depuis un siècle ! La vapeur et les machines ont occasionné toute une révolution et fait surgir la science de l'économie politique et sociale, science qui prend chaque jour un essor plus grand, et qui seule peut donner aux sociétés le moyen de pouvoir vivre sur ce sol si peuplé et tant disputé.

Lorsque les lois renferment des principes économiques, leur influence est immense : elles produisent les résultats les plus favorables sur la prospérité des peuples. Ainsi, l'on peut dire que le Code civil, en attaquant la propriété *féodale*, et en la plaçant sur de nouvelles bases, a exercé une influence immense sur le bien-être de la nation. — La lettre de change ou traite cache, sous sa modeste forme, un précieux élément pour le commerce. Le prêt à la grosse aventure et les assurances maritimes sont les mobiles les plus puissants pour la navigation. — Combien l'Irlande ne gémit-elle pas parce que les institutions de son Code civil sur la propriété arrêtent l'essor du travail, étouffent la production, et tiennent, par-là, une population de 3 millions d'habitants sur le lit de la faim. — Prenez une voiture avec des roues mal faites et un essieu sec et criard, la vigueur de votre cheval sera impuissante à vous produire une locomotion active. Que vos roues soient légères et bien construites ; que votre essieu soit bien graissé, vous marcherez avec une vitesse excessive. Les institutions sociales sont de même. Les nations vont vite ou lentement, suivant que leurs institutions sont bonnes ou mauvaises. L'organisation du crédit agricole est comme la roue bien faite et bien graissée ; le crédit abandonné au hasard qui l'a dirigé jusqu'à ce jour, c'est la roue mal faite et posée sur un essieu raboteux.

L'organisation du crédit agricole se recommande par les effets salutaires qu'elle produira sur l'agriculture. C'est une de ces réformes que toute la société a intérêt à adopter. — Elle est, à bien considérer, à elle seule, l'or-

ganisation réelle et générale de la caisse d'épargne,
puisque ce sera sur les lettres de gage qu'iront se placer
toutes les économies des ouvriers, des domestiques,
des servantes, des petits particuliers, et qu'elle ouvre
cette voie de placement aussi bien aux habitants de la
campagne qu'à ceux de la ville. Les capitalistes, qui ont
des fonds assez considérables à placer, pourront-ils se
plaindre de cette organisation? S'ils comptaient les intérêts
à 5 % des sommes qu'ils ont prêtées, et qu'ils en dé-
duisissent les pertes qu'ils ont éprouvées, je crois qu'ils
répondraient négativement. Il n'y a que l'espoir de faire
de bons placements qui puisse leur faire voir d'un mauvais œil l'institution de la banque agricole. Mais combien
qui ont nourri ces illusions, et qui, au moment où ils
croyaient leurs placements très sûrs, ont vu s'évanouir
toute leur fortune. Il vaut mieux marcher dans une voie
sûre que de s'abandonner au hasard et à l'incertitude du
prêt ordinaire. — Les revers sont terribles; et celui qui a
tout son avoir engagé sur de semblables chances ne doit
pas dormir tranquille. On a vu assez de familles ruinées
et jetées sur le pavé de la misère, assez de banquiers en
faillite, de capitalistes éplorés, de malheureux travailleurs
perdre le fruit des labeurs de toute leur vie, par suite de
semblables revers de fortune, pour que la société cherche
enfin à mettre un peu plus de fixité et de certitude dans
son avenir. Si les capitalistes trouvent l'intérêt de 3 %
trop faible, combien les propriétaires dont la propriété
représente un capital ne devraient-ils pas se plaindre!
Pour avoir les mêmes revenus, ils sont obligés d'attendre
la vente de leurs récoltes, des produits de leurs étables,
et quelquefois de voir leurs biens dévastés par des accidents de température. Avant la République, les caisses

d'épargnes ne donnaient que 3 ½ °/₀ à l'ouvrier déposant,
et ce placement était recherché. Pourquoi les gros finan-
ciers devraient-ils être plus exigents que les malheureux
dont la fortune et les revenus sont très restreints?...

Le gouvernement provisoire a voulu, par un esprit
d'égalité, que le capital du pauvre lui rapportât autant
que le capital du riche, et il a été décrété que l'intérêt
de l'argent versé dans les caisses d'épargne était fixé désormais à 5 °/₀. Ceci était juste. Mais aujourd'hui que
ce taux est reconnu exorbitant, inique, c'est l'inverse
qu'on doit faire : il faut faire servir le capital du pauvre à forcer le capital du riche de descendre son intérêt
au taux équitable qui doit regénérer l'agriculture et améliorer le sort du travailleur. Les fonds des caisses d'é-
pargne et des consignations devront être livrés à la
banque agricole qui les placera sur lettres de gage.
Quand on demandera le remboursement, on négociera
les lettres de gage au pair, avec les autres fonds rentrant
provenant de la même source. La négociation au pair
aura là son point d'appui ; le remboursement par la voie
d'amortissement finira par l'assurer.

Nous ne parlerons pas ici de toutes les questions de
détail qui regardent l'institution de la banque agricole,
comme de l'obligation pour l'emprunteur d'assurer ses
bâtiments contre l'incendie; des rapports de la banque
avec les notaires, les receveurs d'enregistrement et les
percepteurs ; de l'adjonction aux administrations de la
banque de personnes chargées d'être les intermédiaires
entre le capitaliste et l'emprunteur qui a ses lettres de
gage à négocier, des frais administratifs à exiger de
l'emprunteur; car tout cela est une affaire d'administration et n'exige aucun développement. Nous ne nous

sommes ici occupés que du développement des principes généraux sur lesquels la banque agricole doit reposer. Maintenant nous allons formuler par une proposition notre système d'organisation.

Nous proposons à l'admission de l'Assemblée nationale législative les articles suivants :

1º Le taux de l'intérêt légal en matière civile est fixé à 3 fr. 50 c. $\%$, au lieu de 5 $\%$, et le taux en matière commerciale est fixé à 4 fr. 50 c. $\%$ au lieu de 6 $\%$.

2º La présente réduction n'est pas applicable aux créances déjà existantes et qui auront acquis date certaine dans le délai de trente jours, à partir de la promulgation de la présente loi.

3º Toute subrogation qui aura lieu à une créance déjà existante, et ayant acquis date certaine dans le délai ci-dessus, est considérée comme une obligation nouvelle.

4º Toute lettre de change consentie par un non commerçant est considérée comme une obligation civile. En conséquence, aucun porteur ne peut exiger l'intérêt au taux commercial, à moins de prouver que l'obligation résulte d'un acte de commerce. —

La remise de place en place ne constituera pas un acte de commerce dans le sens du présent article.

5º Le porteur, même de bonne foi, ne pourra arguer de la fausse qualité prise par le tireur dans la lettre de change.

6º Tout intérêt perçu au-dessus du taux porté en l'art. 1er est usuraire.

7º Les sommes déposées aux caisses d'épargne le seront à la banque nationale agricole, qui remplira toutes les formalités voulues à cet effet.

Elles porteront au déposant un intérêt à 3 $\%$. Le

4

maximum de dépôt, porté par la loi du 5 juin 1835, est supprimé.

8° Les rentes sur l'État seront désormais rachetables au pair, quand même leur cours serait au-dessous du pair ou au-dessus. — Le rachat se fera au moyen d'un tirage. —

9° Toute vente de rentes sur l'État faite à la Bourse autrement qu'au comptant, est prohibée. Tout agent de change convaincu d'avoir prêté la main à une vente semblable, sera révoqué de ses fonctions.

ORGANISATION DE LA BANQUE AGRICOLE.

Art. 1er. Il est créé pour la France et toutes les possessions françaises une banque nationale agricole qui aura des comptoirs dans chaque chef-lieu de département, et, s'il en est besoin, dans toutes autres localités qui seront déterminées par ordonnances.

Art. 2. Cette banque agricole a pour but de procurer aux propriétaires fonciers un crédit en lettres de gage, jusqu'à concurrence de la moitié de la valeur de leurs propriétés.

Art. 3. S'il existe des charges inscrites sur ces propriétés, il ne sera délivré de lettres de gage que jusqu'à concurrence de la portion libre de la première moitié de leur valeur.

Cette valeur sera calculée en prenant pour base le principal de l'impôt foncier, et en admettant que celui-ci représente le huitième du revenu.

Art. 4. Ces lettres de gage seront de cent, deux cents, cinq cents et mille francs. — Elles seront transmissibles au porteur, et elles lui donneront droit à un intérêt de 3 % par an, payable par semestre.

ART. 5. L'intérêt et le capital sont garantis par les obligations foncières consenties par les emprunteurs et par l'État. — Les porteurs ont un droit de priorité pour le paiement de ces lettres contre tous les autres créanciers de l'État.

ART. 6. A la place des lettres de gage que la banque délivrera aux emprunteurs, elle se fera consentir une obligation avec hypothèque et inscription, portant un intérêt annuel de 3 fr. 50 c. $^0/_0$. — Ces 3 fr. 50 c. seront répartis ainsi qu'il suit : 3 $^0/_0$ seront reversibles au porteur, et les 50 c. $^0/_0$ resteront à la banque pour l'indemniser des frais d'administration et pour prime d'assurance.

Ces intérêts seront payables en deux pactes égaux, les cinquième et onzième mois à dater de l'emprunt.

ART. 7. L'emprunteur aura la faculté d'amortir sa dette. En ce cas il paiera en sus de ses intérêts, pendant l'espace de vingt et une années consécutives, 3 $^0/_0$ de plus ; après lequel espace de temps il sera libéré.

S'il veut se libérer plus tôt de tout ou partie de la dette non amortie, il n'aura qu'à verser une quotité égale de lettres de gage.

ART. 8. Tous les six mois il sera fait un tirage entre les lettres de gage émises. — Celles désignées par le sort seront remboursées au pair, jusqu'à concurrence des fonds d'amortissement.

ART. 9. Les intérêts et les redevances d'amortissement seront payés dans la même forme que l'impôt, et sous les mêmes rigueurs d'exécution.

La banque ne jouira pas pour ces recouvrements du droit de priorité accordé à l'impôt.

Art. 10. En cas de non paiement des intérêts et de l'amortissement, le principal sera exigible, et l'expropriation du bien sera poursuivie.

Art. 11. Jusqu'à ce qu'il soit procédé par une loi à une réforme du régime hypothécaire qui soumette les priviléges et les hypothèques légales à la formalité de l'inscription, la banque agricole fera procéder à la purge des immeubles sur lesquels les propriétaires déclareront vouloir obtenir un crédit en lettres de gage ; et ce, conformément aux dispositions de la loi, avec les modifications suivantes :

Art. 12. Pourra la banque agricole purger les hypothèques qui existeraient sur les biens immeubles appartenant à des maris ou à des tuteurs, lorsqu'il n'existera pas d'inscription sur lesdits immeubles à raison de la gestion du tuteur, ou des dots, reprises et conventions matrimoniales de la femme, dans le cas où les propriétaires de ces immeubles demanderaient un crédit en lettres de gage.

Art. 13. A cet effet, la banque déposera au greffe du tribunal civil du lieu de la situation des biens un certificat constatant la déclaration de la part des propriétaires d'avoir demandé un crédit en lettres de gage, et elle certifiera, par acte signifié tant à la femme ou au subrogé-tuteur qu'au procureur de la République près le tribunal, le dépôt qu'elle aura fait. Extrait de ce dépôt, contenant sa date, les noms, prénoms, professions et domiciles des contractants, avec la désignation de la nature et de la situation des biens pour lesquels on demande le crédit ; le montant du crédit demandé, l'énonciation si c'est à amortissement ou non, sera et restera affiché pendant deux mois dans l'auditoire du tribunal, pendant lequel temps, les femmes, les maris, tuteurs, subrogé-tuteurs, mineurs, interdits, parents ou amis, et le procureur de la République seront reçus à requérir, s'il y a lieu, et à faire faire au bureau du conservateur des hypothèques, des inscriptions sur les biens dont les propriétaires ont déclaré demander le crédit, qui auront le même effet que si elles avaient été prises le jour du contrat de mariage ou du jour de l'entrée en gestion du tuteur ; le tout sans préjudice aux poursuites permises par l'art. 2194 du Code civil.

Art. 14. Pour purger les biens contre les vendeurs des immeubles, la banque remplacera la signification de cette déclaration par une insertion dans un des journaux du chef-lieu du département; le délai de deux mois de purge courra à partir de cette insertion.

Art. 15. Aucun privilége ou hypothèque légale non inscrits avant ou pendant la durée de ces formalités, ne pourront primer l'inscription prise par la banque, en garantie du crédit qu'elle aura ouvert.

Dans le cas où le privilége du vendeur ne serait pas inscrit, le droit de résolution de la vente ne pourra lui être accordé.

Art. 16. Les lettres de gage seront assujetties au même droit de timbre que celui exigé par les lettres de change.

Aucune réduction n'est faite pour les droits d'enregisment des titres nécessaires aux emprunteurs.

Art. 17. Le directeur de chaque comptoir n'accordera de droit de préférence à aucun des officiers ministériels quand il sera obligé d'avoir recours à leur ministère.

ART. 18. Il sera, par une ordonnance, pourvu à toutes les dispositions règlementaires et administratives concernant la présente banque agricole. —

Dans cette proposition que nous venons de formuler, nous avons recherché avec soin d'harmoniser les principes d'équité naturelle avec les exigences rationnelles du capital. Nous avons pris le droit de louage et les revenus qu'on en retire comme la base qui doit servir à fixer le taux de l'intérêt. — Ainsi, nous avons pensé qu'il fallait mettre sur la même ligne le louage des biens et celui de l'argent, et chercher à faire équilibrer leurs produits en instituant la banque sur des bases aussi solides que la propriété immobilière elle-même. Si nous avons laissé la fixation du taux de l'intérêt civil à 3 fr. 50 c. $^o/_o$, c'est parce qu'il est juste que l'intérêt que le créancier prendrait à un particulier soit le même que celui que la banque exige de l'emprunteur ; et si nous avons mis le taux de l'intérêt que la lettre de gage produira au porteur à 50 c. $^o/_o$ au-dessous, c'est parce que nous avons pensé que le capitaliste préfèrerait prendre les lettres de gage au taux de 3 $^o/_o$, plutôt que de prêter directement à un particulier à 3 fr. 50 c. $^o/_o$. Nous laissons un droit de préférence, mais sachant que la préférence sera pour la lettre de gage. Quant au taux commercial, il est de sa nature d'être plus élevé.

En abaissant le taux de l'intérêt, nous n'avons pas voulu porter atteinte aux placements qui existent et qui doivent être garantis par la foi publique ; — nous avons respecté les droits acquis, les conventions faites. Mais nous avons cherché les moyens d'éviter que, sous ce respect des conventions, il ne vînt se faire des placements nouveaux qui voulussent cacher leur usure sous de prétendues subrogations. Nous avons aussi mis des dispositions pour empêcher que l'engagement civil ne se changeât pas en un engagement commercial.

La faculté du rachat des rentes sur l'État est une de ces dispositions sollicitées depuis longtemps, et qui devait nécessairement être prise pour pouvoir arriver à l'extinction de la dette du Grand-Livre. — Si cette disposition n'était pas adoptée *en même temps* que la réduction légale du taux de l'intérêt, cette réduction ferait élever la rente bien au-dessus du pair ; de sorte que le remboursement de la dette ne pourrait se faire qu'avec perte pour l'État. — En maintenant le rachat au pair quand la rente est au-dessous, nous avons pensé qu'il était juste que l'État ne profitât pas de son propre discrédit. — Le rachat au pair, soit que la rente soit au-dessus ou au-dessous, aura pour effet de mettre un peu plus de fixité dans son cours, et peut-être de détruire cet agiotage de la Bourse, ces tripotages de baisse et de hausse, ce thermomètre des lâchetés et de la peur qui marque la honte et l'infamie ; ce jeu, plus infâme que le *trente et quarante*, où se fabriquent les nouvelles politiques, où la rouerie est en honneur, et où les ministres, les grands de l'État se gorgent d'or par le moyen de leurs dépêches apocryphes. L'organisation de la banque agricole, avec la faculté du rachat, facilitera le remboursement de la dette inscrite. Ces emprunts, que l'État pourra faire sur ses biens, lui permettront de racheter beaucoup de rentes et de bénéficier de la différence qui existe entre les intérêts qu'il paie et ceux qu'il paierait pour cet emprunt. Son crédit s'améliorant, il pourra solder peu à peu tous les anciens créanciers en les remplaçant par de nouveaux. Or, sur les deux cent cinquante millions qu'il paie annuellement d'intérêts à 5 %, il bénéficiera de la sorte de soixante-quinze millions chaque année. — (Dans un peu plus d'un demi-siècle sa dette serait éteinte!)

En laissant les fonds des caisses d'épargne et des consignations à la banque agricole, on aura un puissant auxiliaire pour maintenir un cours régulier dans la valeur des lettres de gage. — L'amortissement, qui fera tous les six mois des tirages, finira par déterminer cette fixité. L'organisation du crédit ne sera pas ainsi sujette aux oscillations de la rente, à ces variations perpétuelles qui font un jeu des transactions. La solidité de la banque est un des points sur lesquels nous avons le plus porté notre attention. Elle est le fondement sur lequel repose l'équilibre des revenus des biens et de l'argent : c'est pour cela que nous accordons un droit de préférence aux porteurs de lettres de gage sur les créanciers ordinaires de l'État. Nous avons adopté le droit de purge proposé par M. Wolowski, comme le moyen qui pût permettre à la banque de juger de la position réelle de l'emprunteur. — Pour ce droit de purge, nous avons cherché à mettre les dispositions de la loi qui ne regardent que l'acquéreur, de manière à s'appliquer au cas actuel.

En général, dans toute notre proposition nous avons cherché, autant que possible, à harmoniser tous les intérêts, ceux du débiteur, du capitaliste, de l'État, et ceux de tout le monde. Nous n'avons point attaqué la propriété; au contraire, nous avons cherché à la dégager des entraves et des abus qui la gênent, pour qu'elle se relève et se lance dans la voie des améliorations.

Là est l'avenir de l'agriculture, son moyen de salut; là est la source de la richesse nationale.

PROJET

DE

Défrichement des Terres incultes

DU SOL DE LA FRANCE.

❧

UAND des inventions nouvelles de mécanisme viennent
de temps en temps éclaircir les rangs des ouvriers de
l'industrie, il faut qu'il s'ouvre pour les travailleurs de nouvelles branches de travaux. Quand la population s'accroît
tous les jours d'une manière considérable, l'homme a besoin
d'étendre ses conquêtes et de disputer au sol la nourriture
de tous les membres du corps social. Pour que la société donne
ainsi à tous ses enfants le pain de la vie, pour qu'elle fasse
que sur cette terre chacun trouve les moyens de soutenir
l'existence que Dieu lui a donnée, il faut qu'elle crée de nouveaux instruments de travail, qu'elle agrandisse la sphère
de l'activité humaine, et qu'elle élargisse le terrain rétréci des
positions sociales. Le défrichement des terres incultes donne
parfaitement le moyen de répondre à ce besoin social, en di-
rigeant vers la terre le surcroît de la population ainsi que
les bras que les autres branches de travaux ont rejetés. Le
gouvernement de la République, qui voit que le pays est
fortement poussé vers les améliorations et les réformes, a
compris l'importance du défrichement des terres incultes du
sol de la France. — Cette amélioration a trouvé une place
dans le Message du président de la République, et une autre
parmi les questions que le comité central d'agriculture est
appelé à discuter sous la présidence de M. Dupin. — Le principe est admis. — Il y a une grande quantité de champs
incultes qui n'attendent que la main de l'homme pour les
fertiliser. — Il ne reste qu'à se mettre à l'œuvre.

L'application du principe est toujours la grande difficulté

en matière de réformes et d'institutions. Le défrichement des terres, qui paraît une chose toute simple, n'est pas sans offrir des difficultés également très graves. — Il ne s'agit pas , en effet , seulement de remuer des terres , de les mettre en rapport. Le côté agricole n'offre pas d'embarras. — La question de propriété, d'expropriation n'est pas non plus l'obstacle sérieux. Il s'agit surtout de faire que le défrichement ne soit pas onéreux pour ceux qui l'entreprendront, et qu'il n'éloigne pas de lui les capitaux. — Le succès des entreprises est toujours le but auquel on veut arriver, et par conséquent c'est lui que l'on doit établir, que l'on doit prouver préalablement d'une manière certaine, pour que ces entreprises se fassent. La question du défrichement doit d'autant plus porter sur les éléments de succès, que déjà nous avons vu tout récemment, et sous le gouvernement déchu, des compagnies de défrichement perdre d'immenses capitaux dans des entreprises de ce genre. — Nous avons vu également de grands agriculteurs ne trouver que de l'insuccès dans des travaux de défrichement. — Si l'on ne recherchait pas des moyens qui permissent de faire faire des défrichements sans éprouver des pertes, ce bienfait ne serait qu'une vaine espérance, car les finances de l'État sont dans une position telle, que l'État ne pourrait s'en occuper, à cause des sacrifices pécuniaires qu'ils nécessiteraient ; et que , d'autre part, les particuliers qui ont devant eux l'expérience du passé seraient détournés sûrement de spéculations de cette espèce.

Le défrichement des terres incultes n'est possible, vu l'état de nos finances, qu'en créant des combinaisons *qui puissent les faire exécuter avec avantage et faciliter, par-là, les capitaux qui sont nécessaires pour ces vastes travaux.*

L'expérience des choses est la meilleure lumière qui puisse éclairer l'homme, l'amener à ne plus retomber dans les mêmes fautes, et lui faire rechercher une autre voie qui le conduise au but qu'il veut atteindre. — L'insuccès des compagnies de défrichement et des agronomes qui ont trouvé leur ruine dans leurs entreprises de défrichements , doit être une leçon productive dont il faut retirer profit. L'insuccès provient de deux choses : 1° du nombreux personnel de leurs administrations ; 2° de l'exécution des travaux *par des manœuvres.*

Le nombreux personnel dévore tous les revenus. Ainsi, les directeurs, sous-directeurs, agents, agronomes, experts, architectes, ingénieurs civils, conducteurs de travaux, surveillauts, commis de bureau, etc., perçoivent des appointements considérables.

Le travail *par manœuvres* exige un salaire trop élevé , *et bien supérieur aux bénéfices qu'il donne*. Il arrive par-là que peu à peu les revenus et une grande partie du capital passent entre les mains des individus que l'on a employés à la journée. — Tous les agriculteurs que nous avons vu faire cultiver leurs propriétés de cette manière ont toujours mal réussi ; et quand ils ont voulu persister dans cette voie, ils sont arrivés à la déconfiture. — Ces faits sont acquis et reconnus par tout le monde , et l'expérience est souveraine en toute matière.

Sous le gouvernement provisoire , il avait été question de former des camps agricoles qui auraient défriché les terres incultes et les auraient travaillées jusqu'à ce qu'elles eussent été en bon rapport de culture.

Ce système aurait nécessité l'emploi de journaliers, et l'on serait retombé dans les errements passés. — On aurait eu un peu la reproduction des ateliers nationaux, qui ne donnaient que le dixième environ, en valeur de leurs produits, des sommes qu'ils touchaient. — Les pertes eussent été immenses pour l'État, et ses finances eussent été dilapidées complètement. J'aime à croire que l'on ne reviendra pas sur un projet aussi désastreux, et que l'on n'imitera pas non plus le système employé par les compagnies de défrichement.

Il y a deux autres modes d'emploi des travailleurs pour exploiter la terre ; savoir : le fermage et le colonage. — Le fermage, par lequel le propriétaire traite avec le travailleur moyennant une somme annuelle ; le colonage, dans lequel il perçoit une certaine quotité convenue des produits du bien qu'il cultive. — Chacun de ces modes offre des inconvénients graves. — La terre exige des travaux nécessaires pour son bon entretien ; elle demande des soins incessants ; elle a besoin, pour être toujours d'un bon rapport, de repos et d'aménagements ; elle nécessite surtout des améliorations continuelles afin d'amender le terrain et le préparer, pour un temps plus ou moins éloigné, à donner des produits plus considérables. Mais le fermier et le colon, qui ne sont que les usufruitiers passagers de la propriété, négligent de faire ce qui est nécessaire. Occupés du présent, ils ne font rien pour l'avenir. Pourquoi s'occuperaient-ils en effet d'améliorations, quand rien ne les assure qu'ils en retireraient le moindre avantage. — Il y a une chose qui arrête toujours tout essor,

tout élan au travailleur, c'est le manque d'intérêt pour lui. —
L'intérêt est le mobile suprême des actes humains ; celui sans
lequel rien ne se fait, rien ne se crée et ne se produit. Quelle
différence entre le propriétaire qui cultive lui-même son bien
et le colon ou le fermier ! Le propriétaire-cultivateur ne néglige pas l'avenir : il fait les améliorations qui lui paraissent
utiles, quand même elles ne lui donneraient de produits qu'à
une époque lointaine. Il est toujours stimulé par l'ambition
d'agrandir sa fortune, d'augmenter son bien-être, et la question de temps ne paralyse pas ses efforts. Il est impossible
de trouver un mobile plus souverain que celui que donnent le titre et le caractère de propriétaire, de dispensateur
absolu de la chose qu'on travaille. —

Le propriétaire-cultivateur réussit là où le propriétaire qui
donnerait ses biens à ferme ou à colonage ne réussirait pas.
Précisément, en fait de défrichements, il y a des exemples
nombreux que l'on pourrait citer, d'après lesquels des particuliers qui se sont livrés à des défrichements de terrains qui
leur appartenaient ont fini, à force de travail, de persévé-
rance, d'ordre et d'économie, à les fertiliser, et à se créer de
la sorte une fortune, un avenir. — Un propriétaire qui aurait
voulu mettre ce même terrain en bon rapport de culture, en
employant des journaliers, y aurait dépensé beaucoup plus
que le terrain n'aurait valu par la suite. —

En étudiant *les divers rapports de travailleur à la propriété*,
on trouve des différences notables dans les résultats qui y
sont attachés. — Ces différences sont en proportion *du lien
qui existe entre le travailleur et la propriété*, et non en proportion de l'intérêt momentané qui fait agir le travailleur. —
Plus le travailleur est *attaché à la propriété, s'incorpore à elle*,
plus la propriété rapporte. — Aussi le mobile le plus efficace,
comme nous l'avons remarqué, est celui que donne le droit
de propriété.

Ces principes établis, pour trouver les combinaisons qui
puissent faire faire les défrichements avec profit et faire porter les capitaux vers ces entreprises, il faut écarter tous les
inconvénients que nous avons signalés, et faire que le travailleur que l'on emploiera aux défrichements ait un mobile
puissant qui l'anime, qu'il ait un intérêt semblable, sinon
équivalent, à celui qu'a le propriétaire lui-même.

Ce sera en créant un lien *réel* entre lui et la propriété qu'il
sera appelé à défricher ; ce sera en créant un intérêt qui le
sollicite et le presse à faire tous les travaux d'améliorations

qui seraient nécessaires, que l'on arrivera aux fins que nous nous sommes proposées.

Si l'on veut intéresser le travailleur aux améliorations, il n'y a qu'à lui donner une part dans la plus value que le fond pourra acquérir par suite de ses améliorations et de son travail dans la propriété : en le rendant solidaire avec les intérêts mêmes du propriétaire, en établissant entre eux une communauté générale d'intérêts, on arrivera à incorporer le travailleur à la propriété et à créer pour lui le mobile qui dirige le propriétaire lui-même. Le moyen que j'indique n'est autre que l'association, ce principe fécond en économie politique, qui, inauguré par notre révolution, rend les hommes solidaires les uns aux autres, et les conduit à des liens mutuels par des intérêts communs. L'association appliquée en cette matière peut seule résoudre le problème des défrichements des terres incultes, parce qu'elle stimule les travailleurs, qu'elle attire les capitaux par les avantages qu'elle procure ; tandis qu'en faisant défricher par des journaliers, on n'aurait que des insuccès qui arrêteraient le progrès dans sa source en paralysant les forces humaines.

En pratique ce moyen est très simple : il ne nécessite pas d'administrations nombreuses et ruineuses ; il ne procure que travail, ordre, économie et bénéfices. Ainsi, une certaine étendue de terres incultes étant donnée, que l'on divise cette étendue en divers lots d'exploitations, que l'on fasse construire sur chaque lot, au moyen d'adjudications publiques, les bâtiments et les constructions nécessaires; qu'on y place des familles d'agriculteurs auxquels on fournira le cheptel, les ustensiles aratoires, la nourriture d'une année ; qu'on leur concède la propriété à titre de bail à ferme pendant un espace de dix ou quinze années environ, moyennant un prix raisonnable, *et qu'on les associe pour la moitié ou les trois cinquièmes environ dans la plus value de la propriété*, vous serez sûr de voir fructifier ces terres incultes. Le travailleur ainsi associé, ayant un intérêt de faire toutes les améliorations désirables, ne sera pas arrêté par les mêmes considérations que celles qui arrêtent le colon et le fermier ordinaires. On pourra se reposer en toute confiance sur lui, bien certain de ne pas en être victime. Cette solidarité d'intérêts entre le propriétaire et le travailleur est le principe le plus conservateur qui existe pour la propriété, le mode le plus économique pour elle. Dans ce rapport nouveau de travailleurs à propriété on n'a rien à craindre et on peut tout espérer.

M. de Lamartine, dans l'un de ses derniers discours, disait :
« Au lieu de détruire la propriété au nom du bonheur du
» peuple, il faut la multiplier et la rendre accessible à tous
» les travailleurs qui, jusqu'à ce jour, en ont été déshérités. »

Or, en faisant faire des défrichements de la manière que
je viens d'indiquer, on multiplie la propriété et on la rend
accessible aux travailleurs. On la multiplie, parce qu'on rend
à l'agriculture une foule de terres improductives ; on la rend
accessible aux travailleurs, parce que celui qui la défriche et
l'améliore, en qualité *de fermier et d'associé*, arrive en peu de
temps à trouver facilement son existence, et à se créer une
véritable fortune *par la plus value qu'acquiert la propriété.*

La pensée de M. de Lamartine est grande, noble et sociale.
L'association agricole en est l'application la plus vraie, la plus
large et la plus féconde.

Le principe d'association étant appliqué entre le propriétaire et le travailleur, et pouvant donner lieu à des bénéfices
pour les entreprises de défrichements, il est facile alors de
faire un objet de spéculation d'entreprises semblables, et d'y
diriger les capitaux. C'est ainsi que le défrichement des terres
incultes, qui n'a été jusqu'à ce jour qu'un projet destiné à
rester dans les cartons des ministères, deviendra une chose
réalisable et nous donnera l'accomplissement des espérances
qu'on en avait nourries. Pour que les capitaux des particuliers soient encore mieux stimulés, il faut que l'État, à qui
appartient l'initiative, leur donne l'émulation et concourre
d'efforts avec eux. — Il ne reste pour cela qu'à créer une société générale de défrichements à un capital social de plusieurs
millions, dont un cinquième serait fourni par l'État. — On
stipulerait, pour donner plus d'encouragement aux actionnaires, qu'à l'époque de la liquidation, les pertes, s'il en
existait, seraient supportées par l'État, jusqu'à concurrence
du cinquième du montant total de toutes les actions prises.

Il faudrait donner à ces sociétés l'entreprise des grandes
irrigations ; car les irrigations sont l'élément le plus favorable
à l'agriculture, le plus fécond en bons résultats, et parce
qu'elles demandent des capitaux tellement considérables,
qu'il n'y a guère que des compagnies ou l'État qui puissent
les entreprendre. Les Maures ont laissé en Espagne des
travaux d'irrigations qui ont donné une grande fertilité
aux terres, et qui font encore aujourd'hui l'admiration des
étrangers. Aussi les irrigations ont une importance bien su-
périeure à celle des défrichements. Mais , soit pour les irri-

gations, soit pour les défrichements, l'expropriation doit être accordée à la compagnie pour cause d'utilité publique. Autrement on verra les intérêts mesquins et bassement spéculateurs de certains particuliers faire heurter les projets les plus beaux. L'intérêt général est d'ailleurs trop intéressé aux irrigations et aux défrichements pour que le législateur n'accorde pas ce droit d'expropriation. En 1847, la chambre des députés a rendu une loi sur les irrigations qui se borne purement et simplement à donner au propriétaire le droit d'appuyer, sur la propriété du riverain opposé, des ouvrages d'art nécessaires à la prise des eaux qu'il ne pouvait faire servir sans cela à l'irrigation de sa propriété. Cette servitude d'appui, ainsi qu'on l'a appelée, est insuffisante pour pouvoir créer des irrigations en grand. Il faut souvent faire des tranchées, couper des coteaux, creuser des aqueducs, et nécessairement il ne faut pas qu'un individu puisse, par son mauvais vouloir, mettre obstacle à des travaux aussi importants. Nous devons dire que ce sera même bien plus une servitude de passage d'eau ou d'aqueducs que l'on établira. Il n'y aura d'expropriation que pour les défrichements; et encore à cet égard on pourrait porter un juste tempérament à ce droit.

Nous ne nous étendrons pas davantage sur ce sujet : le principe d'association agricole a une valeur économique incontestable ; les grandes irrigations ne peuvent qu'avoir une grande influence sur la prospérité du pays, et la création d'une société générale de défrichements et d'irrigations est nécessitée comme étant le seul moyen de pouvoir entreprendre les défrichements et les irrigations, à cause des capitaux qui sont nécessaires à ce sujet.

Il ne nous reste qu'à formuler notre projet par une proposition que nous soumettons à l'acceptation de l'Assemblée nationale :

Art. 1er. Il va être, par les soins du ministre de l'agriculture, fondé une *société générale d'irrigations et de défrichements*. Cette société sera anonyme et créée au capital de .... millions de francs, dont un cinquième sera fourni par l'État, qui devient actionnaire pour cette somme. — Sa durée sera déterminée par l'acte de société.

Art. 2. Il est ouvert au ministère des finances un crédit de ..... millions, montant de l'apport social de l'État.

S'il existe des pertes lors de la liquidation, elles seront supportées par l'État, jusqu'à concurrence du cinquième du montant total de toutes les actions qui seront prises.

Art. 3. Toutes les fois que ce sera possible, le principe d'association sera établi entre la compagnie de défrichements et le travailleur, de manière que ce dernier profite de la plus value qu'acquerra la propriété.

Art. 4. Le défrichement des terres ainsi que les irrigations que ladite société doit entreprendre, sont considérés d'utilité publique. — En conséquence, le droit d'expropriation lui est acquis, et son exercice en aura lieu conformément aux lois sur cette matière.

Art. 5. Néanmoins, dans le cas où une commune ou bien une partie de commune posséderait un ou plusieurs communaux, l'expropriation ne pourra être accordée qu'autant qu'il restera à cette commune ou partie de commune un demi-hectare par feu de terrain communal. —

L'exception portée en l'art. 1er de la loi du 11 juillet 1827 est également admise. —

Art. 6. Les administrations des ponts et chaussées devront donner leurs soins à tous travaux de défrichements et d'irrigations entrepris dans leurs ressorts respectifs, sans autre indemnité que celle de leur transport, et ce, en tant que leur service ordinaire le permettra. —

Les maires et sous-préfets devront donner connaissance au préfet, qui transmettra les renseignements au directeur de la société, de tous le travaux importants de défrichements et d'irrigations qui pourraient être faits dans l'étendue de leurs ressorts.

Art. 7. A l'extinction du fermage, le bien sera estimé par cinq experts choisis par le préfet du département où sera le siége principal de l'exploitation dudit bien, et la plus value, s'il y en a, sera payée au fermier associé, soit en argent, soit en immeubles dépendant de ce bien, si le partage est possible, à la volonté de l'ayant-droit.

Art. 8. Toutes les autres dispositions concernant l'acte de société et sa durée, les actionnaires, les travailleurs, les administrateurs, et généralement tout ce qui n'est pas prévu par la présente loi, seront déterminées par l'acte de société et par ordonnances du président de la République.

ERRATUM. — A la ligne 21, p. 41, — au lieu de jamais, lisez guère. (La rente en montant à 126 fr. donnerait encore 3 fr. 96 c. % d'intérêts, au lieu de 3 fr. 65 c.).

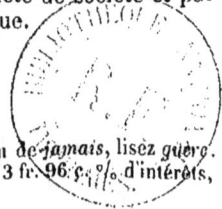